reinhardt

Personzentrierte Beratung & Therapie; Band 2

GwG | Herausgegeben von der Gesellschaft für wissenschaftliche Gesprächspsychotherapie e.V., Köln

Silke Birgitta Gahleitner

Neue Bindungen wagen

Beziehungsorientierte Therapie
bei sexueller Traumatisierung

Ernst Reinhardt Verlag München Basel

Dr. phil. *Silke Birgitta Gahleitner,* Studium der Sozialpädagogik und Promotion in Klinischer Psychologie, Psychotherapeutin in freier Praxis und in einer sozialtherapeutischen Einrichtung für Mädchen und junge Frauen; Lehre an der Technischen Universität, Freien Universität und Alice-Salomon-Hochschule, alle Berlin

Covergestaltung unter Verwendung eines Werkes von Lioba Hartmann, München

Bibliografische Information der Deutschen Bibliothek

Die Deutsche Bibliothek verzeichnet diese Publikation in der Deutschen Nationalbibliografie; detaillierte bibliografische Daten sind im Internet über <http://dnb.ddb.de> abrufbar.

ISBN 3-497-01763-9
ISSN 1860-5486

Printed in Germany
Reihenkonzeption Umschlag: Oliver Linke, Augsburg
Satz: KompetenzCenter, Mönchengladbach
Druck und Bindung: Friedrich Pustet, Regensburg

Ernst Reinhardt Verlag, Kemnatenstr. 46, D-80639 München
Net: www.reinhardt-verlag.de Mail: info@reinhardt-verlag.de

Inhalt

Einleitung ... 9

1 Sexuelle Gewalt in der Kindheit ... 15

1.1 Daten und Fakten ... 15

1.1.1 Historisches ... 15
1.1.2 Aktueller psychosozialer Diskurs ... 17
1.1.3 Einige Zahlen ... 18

1.2 Auswirkungen ... 19

1.2.1 Sexuelle Gewalt als Trauma ... 19
1.2.2 Erschütterung des Selbstkonzeptes ... 23
1.2.3 Vertrauensverlust ... 24
1.2.4 Scham- und Schuldgefühle ... 26
1.2.5 Verwirrung der Gefühle ... 27
1.2.6 Sprachlosigkeit und Sprachstörungen ... 28
1.2.7 Ängste ... 29
1.2.8 (Auto-)Aggressionen ... 30
1.2.9 Probleme mit Partnerschaft und Sexualität ... 32

1.3 Bewältigungsmöglichkeiten ... 34

1.3.1 Bewältigungsmodelle ... 35
1.3.2 Der Bewältigungsprozess ... 37
1.3.3 „Erfolgreiche Bewältigung“ ... 45

2 Sexuelle Traumatisierung und Beziehung ... 49

2.1 Bindung und sexuelles Trauma ... 49

2.1.1 Bindung in ihrer Bedeutung für die weitere Entwicklung ... 50
2.1.2 Bindungsentwicklung bei traumatisierten Kindern ... 52

2.2 Frühe Traumatisierung im Entwicklungskontext ... 56

2.2.1 Frühkindliche Entwicklung ... 56
2.2.2 Kindheit ... 57
2.2.3 Jugendalter ... 59

2.2.4 Erwachsenenalter 60

2.3 Soziales Umfeld als Schutz- und Risikofaktor 61

2.3.1 Soziale Unterstützung als Schutzfaktor während und nach dem Trauma 62
2.3.2 Fehlende soziale Einbettung als Risikofaktor 64

3 Beziehung in ihrer Bedeutung für die Bewältigung sexueller Traumatisierung 68

3.1 Vorbemerkung 68

3.2 Falldarstellungen 69

3.2.1 Frau Albant: „Man sollte ein neues Menschenrecht einführen – das Menschenrecht auf eine unterstützende Beziehung“ 69
3.2.2 Herr Belgard: „Ich glaub, das Schlimmste war… die Isolation“ 73
3.2.3 Frau Cirillo: „So in Beziehung jetzt… das ist ein ganz anderes Aufgefangensein“ 77
3.2.4 Herr Degan: „Alleinsein damit, das macht wahnsinnig“ 82
3.2.5 Frau Egner: „Die Aufarbeitung – die hab ich, glaube ich, selber gemacht“ 87

3.3 Erfahrungen der Klientinnen und Klienten mit dem professionellen Umfeld 91

4 Die therapeutische Beziehung in der Behandlung sexuell traumatisierter Klientinnen und Klienten 95

4.1 Therapie im Kontext: Traumaspezifisches Fachwissen im Konzept einer sozialtherapeutischen Einrichtung 95

4.1.1 Reflektierte Parteilichkeit 96
4.1.2 Beziehungsorientierung als Basis 98
4.1.3 Personzentriertes, prozessorientiertes Vorgehen 100
4.1.4 Das „therapeutische Fenster“ 103
4.1.5 Fallbeispiel: Cornelia 104

4.2 Die therapeutische Beziehung als Alternativerfahrung zum traumatischen Vertrauensmissbrauch 108

4.2.1 Ein Blick in verschiedene therapeutische Schulen 110
4.2.2 Beziehungsorientierte traumatherapeutische Praxis 115
4.2.3 Fallbeispiel: Nathalie 124

Abschließende Gedanken und Ausblick 129

Danksagung 133

Literatur 135

Sachregister 145

Einleitung

„Man sollte ein neues Menschenrecht einführen. Das Menschenrecht auf eine unterstützende Beziehung." (Frau Albant)

Die Erschütterung über die schwerwiegenden Auswirkungen sexueller Gewalt an Kindern führt häufig zu einer Zentrierung auf die Schäden und Verletzungen, die durch die frühe und komplexe Traumatisierung entstanden sind. Dabei wird häufig übersehen, dass traumatisierte Kinder, Jugendliche und Erwachsene mit ihrem Leben weiterhin zurechtkommen müssen und dass dies vielen unter großen Leistungen und Anstrengungen auch gelingt. Richtet man den Fokus der Aufmerksamkeit daher allein auf die Symptomatik, so reduziert man die Betroffenen auf die Erfahrung der sexuellen Gewalt und ignoriert ihre Überlebenskraft. Vor allem aber erschwert diese pathogenetische Sichtweise, psychosoziale Strategien aufzufinden, die eine positive Verarbeitung unterstützen.

In meiner psychotherapeutischen Praxis in einer sozialtherapeutischen Einrichtung für Mädchen und junge Frauen mit schweren frühkindlichen Traumata begegnet mir häufig die Frage, wie es möglich sei, so lange in diesem Bereich zu arbeiten, ohne entmutigt und ausgebrannt zu sein. Eine der Antworten ist sicher darin zu finden, dass sich für mich die Möglichkeit auftat, mich auf verschiedenen Ebenen mit der Problematik zu beschäftigen. Aus der Frage nach den kreativen Überlebensstrategien von Traumaopfern, die mir in der Praxis begegneten, entwickelte sich eine Untersuchung mit der Fragestellung, wie Frauen und Männer ihren Bewältigungsprozess beschreiben und was sie dabei als hilfreich erleben. Dies verhalf mir wiederum zu einem vertieften Verständnis und zu neuen Anregungen für meine aktuelle Praxis.

Kritischen Fragen interessierter Studentinnen und Studenten, die mich um eine kontinuierliche Reflexion nicht herumkommen ließen, verdanke ich die Entdeckung weiterer Widersprüche und Zusammenhänge. Zum Beispiel gingen die befragten Klientinnen und Klienten in ihren biographischen Erzählungen zum Teil weit über die ursprüngliche Fragestellung hinaus. Aufgrund der Möglichkeit, ihre Situation aus ihrer subjektiven Perspektive zu schildern, brachten sie die für sie bedeutsamen Themen über ihr Leben und ihren Umgang mit der erfahrenen Gewalt ein und vermittelten mir damit Einblicke, die sich mir aus dem Literaturstudium in dieser Form bisher so nicht erschlossen hatten.

Zwei dieser Ergebnisse waren für mich so bedeutsam, dass ich mich entschloss, sie an anderer Stelle wieder aufzugreifen. Beim ersten Ergebnis handelt es sich um die für Männer wie Frauen übereinstimmende zentrale Bedeutung von unterstützenden Beziehungserfahrungen, sowohl im unmittelbaren Umfeld als auch in der Begegnung mit professionellen Helfern. Das andere Ergebnis bezieht sich auf die Erfahrungen der Klientinnen und Klienten mit Therapie- und Beratungsangeboten, in denen eben dieser Aspekt – die zentrale Bedeutung der therapeutischen Beziehung – häufig nicht ausreichend berücksichtigt wurde. Die sehr unterschiedlichen, zum Teil erschütternden Erlebnisse der Gewaltbetroffenen mit dem professionellen Hilfesystem motivierten mich, diese Ergebnisse vertiefend zu bearbeiten.

Meine therapeutische Praxis im psychosozialen Traumabereich vermittelte mir zwar von Beginn an, dass der Erfolg der professionellen Begleitung mit der Qualität der therapeutischen und beraterischen Beziehung steht und fällt. Bei den zumeist von früher Kindheit an bindungsbeeinträchtigten und emotional vernachlässigten Mädchen der Einrichtung erschien es mir schon immer von primärer Bedeutung, eine sichere, stützende und „nachnährende“ Beziehung aufzubauen. Alles andere ist zunächst sekundär. Trotz dieser Erfahrungen und meines integrativtherapeutischen Hintergrundes, der auf der Basis klientenzentrierter und gestalttherapeutischer Konzepte die therapeutische Beziehung als Hauptachse versteht, fiel es mir jedoch stets schwer, systematisch zu formulieren, wie es sich denn nun genau mit dieser Beziehung verhält und warum ich sie für so zentral und wirksam halte.

Die Bindungsforschung, die sich in den letzten Jahren zunehmend praxisnah damit befasst, Behandlungskonzepte auf der Grundlage der Bindungstheorie zu untersuchen und die Ergebnisse für die therapeutische Praxis zugänglich zu machen, hat hier meines Erachtens eine entscheidende Lücke geschlossen. Meine Erfahrung, dass Muster gelingender Interaktion, die bereits in früher Kindheit für ein gutes zwischenmenschliches Klima sorgen, eine wichtige Grundlage für Psychotherapie darstellen, ließ sich dadurch besser systematisieren. Auch weiß man inzwischen, dass die Möglichkeit, Traumata zu verarbeiten, von einer sicheren Bindungsbasis und von Begegnungen im späteren Leben abhängt. Meine praktischen Erfahrungen erhielten dadurch einen weiteren Verständnishintergrund.

Die Aussagen der interviewten Klientinnen und Klienten verweisen jedoch auf eine noch grundsätzlichere Ebene: Gewalt im sozialen Nahraum durch versorgende Bindungspersonen, insbesondere im Falle früher sexueller Gewalt durch Familienangehörige oder nahe Umfeldpersonen, verursacht einen umfassenden traumatischen Vertrauensverlust. Dieser Vertrauensmissbrauch zieht aufgrund der lebenswichtigen Bedeutung einer sicheren Bindung eine Zerrüttung der Identität nach sich. Bevor eine Bewältigung des sexuellen Traumas überhaupt möglich werden kann, ist es daher von grundsätzlicher Bedeutung, diesem traumatischen Vertrauensverlust eine Alternativerfahrung entgegenzusetzen, die eine Überwindung dieses Misstrauens gegenüber sich und der Welt ermöglicht. Dies macht die Bedeutung von Bindung und Beziehung für sexuell Traumatisierte zum Dreh- und Angelpunkt für eine erfolgreiche Therapie und Beratung.

Der vorliegende Band ist daher aus einer Verknüpfung der verschiedenen Erfahrungsebenen Forschung, Theorie und Praxis entstanden und legt den Schwerpunkt auf eine als zentral erfahrene Schlüsselqualität für die therapeutische Arbeit mit komplex traumatisierten Klientinnen und Klienten: auf die Gestaltung der therapeutischen Beziehung als Antwort auf den erfahrenen sexuellen und Vertrauensmissbrauch.

Das erste Kapitel des Buches gibt Einblick in das Phänomen sexueller Gewalt, den psychosozialen Diskurs und einige Daten zu sexueller Gewalt. Anschließend wird auf die Auswirkungen und Bewältigungsmöglichkeiten eingegangen, um eine Verständnisbasis für die weiteren Kapitel bereitzustellen. Die Ergebnisse aus der Bindungstheorie und -forschung, die für ein tieferes Verständnis von traumatischen Verletzungen und ihrer Bewältigung heranzuziehen sind, werden in Kapitel 2 zusammengefasst und auf die Situation früh sexuell traumatisierter Klientinnen und Klienten bezogen.

Ausgangspunkt für die systematische Aufarbeitung bindungstheoretischer Kenntnisse für die Therapie bei sexuellen Traumata war die bereits genannte Untersuchung erwachsener Traumaopfer, die diesen Aspekt ins Zentrum ihrer Kritik professioneller Angebote stellten. Dafür führte ich 22 biographische Interviews mit Frauen und Männern, die vor dem 12. Lebensjahr sexuelle Gewalt im sozialen Nahraum erfahren hatten (Gahleitner 2003). In Kapitel 3 werden fünf dieser Biographien skizziert und auf die Bindungsthematik hin zentriert. Zum Ende des Kapitels werden die Erfahrungen der Klientinnen und Klienten zusammengefasst und in sieben konkreten Forderungen an professionelle Unterstützung formuliert.

Um die Auswirkungen und den Bewältigungsprozess besser zu veranschaulichen, wird auf die Schilderungen dieser fünf Klientinnen und Klienten bereits in den Kapiteln 1 und 2 Bezug genommen. Es empfiehlt sich daher, vor der Lektüre dieser Kapitel die jeweiligen Kurzbiographien der einzelnen Klientinnen und Klienten zu Beginn der Kapitel 3.2.1 bis 3.2.5 zu überfliegen. Dies hilft, die Beispiele besser in den jeweiligen biographischen Kontext einbetten zu können. Die Originalzitate der Klientinnen und Klienten sind zur klaren Unterscheidung von Literaturzitaten stets hervorgehoben. Dies soll Lesern und Leserinnen ermöglichen, das Buch auch entlang der Aussagen der Betroffenen nachzuvollziehen und ihre subjektive Sichtweise zu erfassen.

Kapitel 4 greift die Forderungen der Klientinnen und Klienten erneut auf und verdichtet sie auf ihre handlungsrelevanten Aspekte für Therapie- und Beratungszusammenhänge. Die Anregungen für eine beziehungsorientierte Praxis mit Opfern sexueller Gewalt werden dafür sowohl anhand konzeptioneller wie auch konkreter Anwendungsbeispiele aus dem sozialtherapeutischen Arbeitsbereich mit jugendlichen Mädchen und jungen Frauen erläutert.

Ich habe diese Beispiele gewählt, da in der chancen- als auch risikoreichen Adoleszenz reale Bindungspersonen als Alternativerfahrung eine besondere Bedeutung gewinnen. Die Arbeit mit Adoleszenten ist meiner Erfahrung nach ein gutes Anschauungsbeispiel für die Arbeit mit komplex traumatisierten Erwachsenen. Sie sind zumeist in früher Kindheit traumatisiert und benötigen daher eine Konzentration auf bindungstheoretische Aspekte in der Psychotherapie. Dies wird jedoch häufig übersehen.

Im Schlusskapitel werden die handlungsrelevanten Aspekte für Therapie und Beratung zusammengefasst. Weiterführende Fragestellungen sollen dazu anregen, das Thema weiter zu diskutieren und in Forschung wie Praxis fortzuentwickeln.

Einige formelle Anmerkungen sollen dem Buch noch vorangestellt werden: In dem Versuch, beide Geschlechter gleichermaßen einzubeziehen, wurde an vielen Stellen die doppelte Schreibweise gewählt. Dies war mir wichtig, da insbesondere im Bereich sexueller Gewalt auf der Täterseite lediglich die Männer und auf der Opferseite lediglich die Frauen wahrgenommen werden. An diesen Stellen wurde daher darauf Wert gelegt, deutlich zu machen, dass das Phänomen männlicher Opfer und weiblicher Täterinnen unbedingte Beachtung verdient. Um den Lesefluss jedoch nicht über Gebühr zu strapazieren, wurde an anderen Stellen zum Teil variierend nur die weibliche oder die männliche Form verwendet. Dies soll das jeweils andere Geschlecht nicht ausschließen, sondern ist lediglich der besseren Lesbarkeit geschuldet.

An dieser Stelle ist zudem noch etwas zu den Begrifflichkeiten zu erläutern. Sexueller Missbrauch ist ein umstrittener Begriff. Der Bestandteil „Missbrauch“ suggeriert, es gäbe einen „gerechtfertigten Gebrauch“ von Kindern. Andererseits ruft er Assoziationen hervor, wie Machtmissbrauch und Vertrauensmissbrauch, die wichtige Aspekte sexueller Übergriffe beinhalten. Der Begriff „sexuelle Gewalt“ bringt demgegenüber klar zum Ausdruck, dass es sich in erster Linie um gewalttätige Übergriffe und erst in zweiter um ein sexuelles Geschehen handelt. Noch deutlicher impliziert dies der Begriff „sexualisierte Gewalt“, er hat sich jedoch in der Fachliteratur bisher nicht durchgesetzt. In diesem Buch wird daher neben dem in der öffentlichen Diskussion üblichen Ausdruck „sexueller

Missbrauch“ in erster Linie die präzisere Bezeichnung „sexuelle Gewalt“ verwendet.

Um die Machtverhältnisse und Verantwortungszuweisung klar und deutlich zu machen, verwende ich an vielen Stellen ausdrücklich den Begriff „Opfer“. Damit sollen Frauen und Männer jedoch wiederum keinesfalls in ihrer Identität auf einen Opferstatus reduziert oder ihre Kraft negiert werden. Die Sprache setzt hier Grenzen: Wir vermögen nicht gleichzeitig von einem Menschen zu sprechen, der einerseits Opfer ist, andererseits jedoch ein souveräner und eigenständiger Mensch.

Hinsichtlich der bereits eingangs hervorgehobenen ressourcenorientierten Perspektive soll jedoch noch eine ausdrückliche Klarstellung erfolgen. Traumata sind in jedem Falle gesundheitsgefährdend und destruktiv. Den Opfern ist in keiner Weise die Verantwortung für ihre schwierige und herausfordernde Lebenssituation zuzuschreiben, die sie nicht selbst verschuldet haben. Auch die politischen und sozialen Rahmenbedingungen als Bedingungsmatrix für sexuelle Gewalt als weit verbreitetes Phänomen sollten bei allen Bemühungen um die Verbesserung individueller Lebens- und Verarbeitungsbedingungen nicht aus dem Blickfeld geraten.

Der Umgang mit Traumata und schwierigen Lebensbedingungen ist auch abhängig von den individuellen Bewältigungsstrategien und Umfeldressourcen, über die jemand verfügt. Unterstützung in diesem Bereich möglich zu machen und sinnvoll zu gestalten ist das Anliegen dieses Buches. Engagierte Beziehungsarbeit verkörpert für mich darüber hinaus eine weitere Antwort auf die eingangs gestellte Frage nach Burnout und Verzweiflung. Die gemeinsame Arbeit durch die und an der Beziehung mit ihren Dimensionen Gegenseitigkeit, Offenheit und gemeinsames Wachstum setzt nicht nur für Klientinnen und Klienten, sondern auch für Therapeutinnen und Therapeuten einen Kontrapunkt zum zutiefst verunsichernden Phänomen Trauma. Der Bewältigungsprozess in der Therapie bleibt so kein einseitiger, sondern wird zu einem gegenseitigen Prozess, der neue Erfahrungen und Entwicklungen ermöglicht, die ich für mich als Therapeutin persönlich als bereichernd erlebe.

1 Sexuelle Gewalt in der Kindheit

> *„Die Geschichte der Forschung zum sexuellen Missbrauch ist fast so spannend wie ein Kriminalroman. Schaut man auf die letzten 100 Jahre zurück, zeigt sich ein interessantes Wechselspiel: Nach den sich wiederholenden Versuchen, sexuelle Ausbeutung von Kindern zu problematisieren, wurde das Thema … immer wieder unter den Teppich gekehrt.“* (Bange 1992, 12)

1.1 Daten und Fakten

1.1.1 Historisches

Sexuelle Gewalt an Kindern und Jugendlichen ist keineswegs ein neuzeitliches Phänomen, sondern lässt sich bis in die Antike zurückverfolgen. Bereits für vorbiblische Zeiten bis hinein in die Neuzeit sind Schilderungen von sexuellem Missbrauch an Kindern belegt (Rush 1982/1991). Nicht nur die Praxis sexueller Gewalt, auch ihre Tabuisierung reicht weit in die Geschichte zurück.

Über Jahrhunderte hinweg bis heute wirkt sexueller Missbrauch in seiner bedrängenden Alltäglichkeit offensichtlich als etwas Unglaubliches. Auf Bemühungen, sich mit dem Thema der sexuellen Gewalt an Kindern auseinander zu setzen, folgten immer wieder Versuche, die Realität sexuellen Missbrauchs an Kindern zu leugnen. Opfer werden trotz der zunehmenden Öffentlichkeitsarbeit bis heute mit Abwehr, Leugnung, Bagatellisierung oder auch mit Schuldzuweisungen konfrontiert; Professionelle, die sich um ihr Schicksal bemühen, werden in ihrer Qualifikation in Zweifel gezogen (Hentschel 1996).

Freud und seine Entdeckung des sexuellen Kindesmissbrauchs und die anschließende Verbannung des Phänomens in die Welt der Phantasie ist hier nur ein Beispiel unter vielen. Im Jahre 1896 veröffentlichte er die Verführungstheorie, in der er sexuelle Gewalt durch Väter an ihren Töchtern als schädigend benannte. Aufgrund der negativen Reaktionen der Kollegenschaft widerrief er seine Ergebnisse bereits im darauffolgenden

Jahr und ersetzte die Verführungstheorie durch die Ödipustheorie. An seinem Verhalten wird deutlich, welch ungeheurem Druck Professionelle zu allen Zeiten ausgesetzt waren, die das Thema an die Öffentlichkeit bringen und Opfern Unterstützung zukommen lassen wollten (Masson 1984).

Auch bei der Betrachtung der letzten 100 Jahre wird deutlich, dass viele Versuche, sexuelle Ausbeutung zu problematisieren, nicht zum Erfolg führten. Wiederholt gab es vergleichbare Forschungsansätze zu sexuellen Traumata, die unterbrochen wurden und später wieder neu erarbeitet werden mussten (Herman 1992, 7ff). In der ehemaligen Bundesrepublik begann die Frauenbewegung Ende der 70er Jahre neben der Gewalt gegen Frauen auch sexuelle Gewalt an Kindern zu thematisieren. Einige Jahre später fing die Kinderschutzarbeit an, sich mit diesem Problem zu befassen. In der Deutschen Demokratischen Republik blieb das Thema als unliebsamer Schatten des Sozialismus, abgesehen von einzelnen engagierten Gruppierungen, bis zur Wende tabuisiert (Diedrich 1996).

Die Diskussion um sexuelle Gewalt an Kindern hat seither eine wechselvolle Geschichte und „liest sich wie eine Reise durch verschiedene Mythen“ (Rommelspacher 1996, 17). Immer wieder kam es zu kontroversen Diskussionen über Ausmaß, Ursachen- und Interventionsfragen. Während feministische Ansätze versuchten, Konzepte häuslicher Gewalt auf sexuellen Missbrauch von Kindern zu übertragen, konzentrierte sich der Kinderschutzbereich auf familientherapeutische Ansätze bezüglich der Dynamik innerhalb der Familie.

Beharrten die einen auf dem Machtgefälle zwischen Männern und Frauen, ignorierten die anderen die Gesellschafts- und Machtstrukturen und betrachteten sexuellen Missbrauch als eine Form der innerfamilialen Kindesmisshandlung, bei dem jedes Familienmitglied seinen Beitrag zu dem Geschehen leistet. „Jeder Satz in der derzeitigen Diskussion über sexuellen Missbrauch beinhaltet … ein für die/den ‚Uneingeweihte/n‘ kaum merkliches ‚Glaubensbekenntnis‘“ (Fegert 1991, 47f). Eine differenzierte Betrachtung einzelner Schicksale vor dem Hintergrund ihrer spezifischen Biographie und innerhalb des jeweiligen sozialen Zusammenhangs ging dabei häufig verloren.

In diese Diskussion situierte sich in den 90er Jahren aufs Neue eine Bewegung der Skepsis. Die Kampagne „Missbrauch mit dem Missbrauch“ (Rutschky/Wolff 1994) verstärkte die Verunsicherung in der Fachwelt, führte jedoch andererseits zu einer Besinnung auf das Ausmaß des Problems und einer Reflexion adäquater Antworten. Es wurde deutlich, dass ein konstruktiver Umgang mit sexueller Gewalt nicht aus einem Hin- und Herpendeln zwischen Extrempositionen bestehen kann.

1.1.2 Aktueller psychosozialer Diskurs

Wie ist der Stand der Dinge heute? – Die Medien berichten immer wieder über sexuellen Missbrauch an Kindern. Zahlreiche Monographien und Artikel in Fachzeitschriften sind erschienen; Tagungen und Fachdiskussionen führten dazu, dass sexueller Missbrauch national wie international „von einer psychopathologischen Rarität zu einer vieldiskutierten klinischen und gesellschaftstypischen Problematik wurde“ (Fegert 1991, 52f). An vielen Orten fanden Podiumsdiskussionen statt.

In den letzten Jahren rückten auch Jungen als Opfer sexueller Gewalt stärker in den Blickpunkt des Interesses. Damit ist ein weiteres Tabu überwunden worden: Es wird jetzt auch über die Situation der Mütter in Missbrauchsfamilien und Frauen als Täterinnen gesprochen. Mütter als Täterinnen jedoch geraten erst langsam in den Blick, wie auch die Gleichzeitigkeit von Opferschaft und Täter/-innenschaft eine große Herausforderung für alle in der Praxis und Forschung Tätigen darstellt. Nach wie vor gibt es Dunkelfelder und Wissenslücken. Behinderung und sexuelle Gewalt mit ihren spezifischen Problemlagen, geschlechtsspezifische Aspekte sowie sexuelle Gewalt im Kontext von Migration, ethnischen Minderheiten und Rassismus sind Themen, bei denen unsere Bemühungen um Aufschluss und fundierte Forschung noch am Anfang stehen (Gahleitner 2001).

In der Praxis gibt es zunehmend Übereinstimmung, dass Partei für sexuell missbrauchte Kinder zu ergreifen bedeutet, die Verantwortung eindeutig beim Täter zu verorten, das Kind davon zu entlasten und in seinem Heilungsprozess zu unterstützen und auch auf gesellschaftlicher Ebene Maßnahmen einzuleiten, die die Gewalt in Familien abbauen hilft. Andererseits hat sich durchgesetzt, in einer konkreten Interventionssituation auch die spezifische individuelle, familiäre und Umfeldsituation des Kindes zu berücksichtigen. Vernetzungsmodelle zwischen verschiedenen psychosozialen Arbeitsbereichen und staatlichen Instanzen in Kinderschutzfällen wurden entwickelt, neue Therapiekonzepte für die Traumaarbeit mit Betroffenen beziehungsweise Konzepte für die Behandlung von Täter/-innen erarbeitet.

Selbst die Zusammenarbeit zwischen Polizei, Justiz und Sozialarbeit hat sich verbessert. So entstand beispielsweise das Kerpener Modell als eine gelungene Möglichkeit, die Vernetzung zwischen verschiedenen psychosozialen Arbeitsbereichen und staatlichen Instanzen in Kinderschutzfällen voranzutreiben (Raak 1996). Denn auch wenn jede Intervention eine „Interpretation der Wirklichkeit“ (Rommelspacher 1996, 18) darstellt, hat eine gegenstandsbezogene Gewaltforschung und -praxis die Aufgabe, theoretische Ansätze, empirische Resultate und Praxiserfahrungen aus den unterschiedlichsten Lagern zu würdigen und „Möglichkeiten für Synergieeffekte auszuloten“ (Godenzi 1993, 26). Eine ausgewogene Balance zwischen kritiklos übernommener Ideologie und orientierungsloser Informationsüberflutung herzustellen scheint beim Themenbereich sexueller Gewalt jedoch immer wieder eine Herausforderung zu sein.

1.1.3 Einige Zahlen

Internationale Untersuchungen weisen inzwischen übereinstimmende Zahlen zu sexueller Gewalt auf. Die umfassendste deutsche Untersuchung zu Ausmaß, Hintergründen und Folgen sexueller Gewalt unter Einbeziehung internationaler Vergleichszahlen, auf die im Folgenden Bezug genommen wird, stammt von Bange und Deegener (1996, 123ff). Die häufig geäußerte Annahme, dass in Deutschland etwa jedes vierte Mädchen und jeder zwölfte Junge sexuell missbraucht wird, ist nach dieser Untersuchung realistisch. Mädchen und Jungen jeden Alters sind betroffen. Dies bezieht sich auch auf Säuglinge und Kleinkinder.

Etwa ein Fünftel aller Fälle sexuellen Missbrauchs bestehen in versuchten oder vollendeten Vergewaltigungen und sind der Kategorie „sehr intensiver sexueller Missbrauch" zuzuordnen; ein weiteres Drittel der sexuellen Gewalterfahrungen fallen in die Kategorie „intensiver sexueller Missbrauch" wie erzwungene Masturbationen, und das letzte Drittel gehört zu „weniger intensive Formen" wie sexualisierte Berührungen. Bei etwa zehn Prozent kommt es nicht zum Körperkontakt.

Sexueller Missbrauch wird hauptsächlich durch Männer verübt (Bange/Deegener 1996, Russel 1986). Die in Untersuchungen erhobenen Frauenquoten stiegen in den letzten Jahren allerdings kontinuierlich an: „Wurde anfänglich von einem Prozent… ausgegangen, so wissen wir heute, dass es etwas mehr als 10 Prozent Frauen sind" (Kavemann 1996, 253). Noch alarmierender ist es, dass etwa ein Drittel der Täter/-innen selbst noch Kinder oder Jugendliche sind. Der überwiegende Teil der Täter/-innen ist nach Bange und Deegener (1996, 144ff) allerdings zwischen 19 und 50 Jahre alt.

Sexueller Missbrauch zieht sich nach aktuellen Erkenntnissen durch alle Schichten, alle Klassen und alle Arten von Familien, obwohl er bis vor wenigen Jahren von Vertreter/-innen der Kinderschutzbewegung einer „unterschichtsspezifischen Familiendynamik" (Rutschky 1992, 91) zugeschrieben wurde. Dieses Stereotyp ist inzwischen durch nationale wie internationale Studien widerlegt.

Mädchen werden zu etwa einem Viertel durch Familienangehörige, zur Hälfte durch Bekannte und zu etwa 15 bis 25 Prozent durch Fremde sexuell missbraucht; bei den Jungen kommen die Täter/-innen mit 10 bis 20 Prozent etwas seltener aus der Familie: Sie werden häufiger als Mädchen Opfer von Täter/-innen aus dem außerfamiliären Nahraum und von Fremden. In klinischen Studien sind Familienmitglieder, insbesondere Mütter, jedoch überrepräsentiert, da sexuelle Übergriffe durch nahe Angehörige aufgrund der emotionalen Beziehung zwischen Täter / -in und Opfer in der Regel besonders traumatisch wirken.

1.2 Auswirkungen

Bei Erwachsenen verändert wiederholtes Trauma eine bereits geformte Persönlichkeit. Bei Kindern hingegen prägt und deformiert wiederholtes Trauma zu einem frühen Zeitpunkt die gerade erst entstehende Persönlichkeit. Das Kind, das in einer Missbrauchssituation gefangen ist, muss ungeheure Anpassungsleistungen erbringen. Es muss sich das Vertrauen in Menschen bewahren, die nicht vertrauenswürdig sind. Obwohl es sich nicht schützen und nicht allein für sich sorgen kann, muss es den Schutz und die Fürsorge, den die Erwachsenen ihm nicht bieten, mit den einzigen Mitteln ausgleichen, die ihm zur Verfügung stehen: mit einem unausgereiften System psychischer Abwehrmechanismen (Herman 1992, 96ff).

1.2.1 Sexuelle Gewalt als Trauma

Bereits Ferenczi in den 30er Jahren war der Meinung, dass „das Sexualtrauma als krankmachendes Agens nicht hoch genug angeschlagen werden kann" (1933 / 1972, 312). Wenn man bedenkt, dass bei sexuellem Kindesmissbrauch das Wertgefüge noch im Aufbau begriffen ist und gleichzeitig ein totaler Angriff auf diese Werte erfolgt, wird das Ausmaß der Schädigung ersichtlich. Geschieht der sexuelle Übergriff überfallartig durch einen Fremden, dann passt das Erlebnis noch in gesellschaftliche Mythen und Vorstellungen. Ist es jedoch der eigene Vater oder eine nahe stehende Vertrauensperson, dann hat die Falle hinter dem Kind sich geschlossen.

Die natürliche Entwicklung wird empfindlich gestört, und es kann zu Fixierungen kommen, die weitere Reifungsschritte verhindern. Auf diese Art und Weise erzwingt die pathologische Umwelt die Entwicklung außergewöhnlicher Fähigkeiten, die gleichermaßen kreativ wie destruktiv sind. Daraus kann ein ausgeklügeltes System vielfältiger somatischer und psychischer Symptome entstehen.

Auch wissenschaftlichen Untersuchungen zufolge erhöht sexuelle Gewalt das Risiko, kurz- oder langfristig eine Vielfalt von Folgeerscheinungen und Lebensproblemen zu haben, beträchtlich. Inzwischen gibt es eine große Zahl von Veröffentlichungen darüber, die inhaltlich nur geringfügig differieren. Demnach beeinflusst ein frühes Trauma im Lebenszyklus die Entwicklung psychologischer und physiologischer Regulationssysteme und damit die gesamte Persönlichkeitsentwicklung. Nach traumatischen Erfahrungen ist die Fähigkeit, Ressourcen erfolgreich zu nutzen, geschwächt, die Verwundbarkeit hingegen erhöht. Nicht nur die Kindheit und Jugend, sondern jeder Übergang in einen anderen Lebensabschnitt ist von kritischen Phasen und entwicklungsabhängigen Krisen gekennzeichnet. Sexuelle Traumatisierung lässt Opfer sexueller Gewalt häufiger an diesen Entwicklungshürden scheitern und in kritischen Lebensmomenten krisenanfälliger bleiben (Gahleitner 2003, 14ff).

Die Folgen sexueller Ausbeutung und die gesellschaftlichen Reaktionen darauf werden häufig mit den seelischen Nachwirkungen der Konzentrationslager und der kollektiven Reaktion auf den Holocaust in Beziehung gesetzt (Müller-Hohagen 1994). Auch sie beginnen mit einer zunächst „normalen" traumatischen Belastungsreaktion auf ein „abnormales" Ereignis. Nach etwa vier Wochen geht die Belastungsreaktion in eine posttraumatische Belastungsstörung über. Ab einer Zeitdauer von drei Monaten spricht man von einer chronischen Belastung. Neuere Untersuchungen weisen auch auf direkte Zusammenhänge in den Täter/-innenstrukturen beider Gewaltfelder hin. Sie zeigen auf, dass die Täter des Holocaust nicht selten auch in der Familie sexuelle Gewalt ausgeübt haben (Loch 2004).

Ausmaß der Schädigung

Das Ausmaß der Folgen wird häufig in Abhängigkeit von den Tatumständen eingeschätzt. Dazu zählen:

- Intensität des Sexualkontaktes;
- Alter und Entwicklungsstand des Kindes;
- Beziehung zum/r Täter/-in;
- Art der sexuellen Beziehung;
- Altersunterschied zwischen Opfer und Täter/-in;
- Dauer der sexuellen Beziehung;
- Häufigkeit der sexuellen Kontakte.

Die Auswirkungen sexueller Gewalt hängen zudem von einer Reihe von Faktoren ab, die nicht nur das Ereignis selbst betreffen, sondern auch die Umstände, die dem Ereignis vorausgingen und nachfolgten. Ob und wie das Kind auf einen solchen Vorfall vorbereitet ist und in welcher Weise die Umwelt reagiert, wenn es davon erzählt, spielt eine entscheidende Rolle (Bange 1992).

Jeder Einzelfall entwickelt seine spezifische Dynamik und Phänomenologie. Es gibt kein charakteristisches „Sexual-Abuse-Syndrom", wie man eine Zeit lang unter Verwendung von Checklisten annahm. Die Auswirkungen zeigen jedoch, abgesehen von individuellen, konstitutionellen und biographischen Variabilitäten, eine gewisse Phasen- und Altersspezifik. Sie lassen sich, abhängig vom zeitlichen Abstand zu den Übergriffen, in drei Phasen einteilen: in Initialeffekte, mittelfristige und chronifizierte Folgen (Fegert 1990, 1994).

1. Unter Initialeffekten versteht man unmittelbare Reaktionen auf die Gewalteinwirkung. Im Vorschulalter beispielsweise wird vielfach sexualisiertes Verhalten beschrieben. An weiteren auffälligen Verhaltensweisen in diesem Alter werden regressive Störungen, Sprachstörungen, depressives und gehemmtes Verhalten benannt. Kinder im Grundschulalter zeigen vorrangig Schulprobleme und externalisierendes Ausagieren, jedoch auch Schlafstörungen, Ängste, Phobien und sexuelle Auffälligkeiten.
2. Häufig entwickeln die Folgeerscheinungen mittelfristig im Rahmen der Pubertät eine eigene Dynamik von Schuld- und Schamproblematiken und andere typische Auffälligkeiten des Jugendlichenalters. In diesem Alter realisieren Mädchen und Jungen in der Regel die Bedeutung der sexuellen Übergriffe. Dies führt häufig zu einer konstriktiven Abwehr beziehungsweise Verdrängung oder Verleugnung des Geschehenen. Probleme mit dem Selbstwertgefühl, mit Sexualität und Partnerschaft sowie (auto-)aggressives Verhalten, Suizidgedanken, Depressionen, Drogenmissbrauch und Trebegang können die Folge sein.
3. Im Erwachsenenalter schließlich findet man die gesamte Bandbreite chronifizierter sozialer, psychosomatischer und psychiatrischer Störungsbilder. Besonders häufig kommt es zu emotionalen Störungen und Beziehungsproblematiken. Durch klinische Studien am besten belegt ist die Entwicklung einer traumatischen Reaktion, die im deutschen Sprachraum als „Posttraumatische Belastungsstörung (PTBS)" und im angloamerikanischen Bereich als „Posttraumatic Stress Disorder (PTSD)" bezeichnet wird (Gahleitner 2003, 17ff).

Posttraumatische Belastungsstörung

Unter einer traumatischen Belastung versteht man die Folgen eines Ereignisses, das den Rahmen alltäglicher Erfahrung und Belastung bei weitem übersteigt. Die natürlichen menschlichen Selbstschutzstrategien angesichts von Lebensgefahr – Flucht und Widerstand – erweisen sich als sinnlos. Ohnmacht, Entsetzen und Todesangst herrschen vor. Dadurch kommt es zu einer Erschütterung der psychischen Struktur und einer großen Spannbreite von Reaktionen (Fischer/Riedesser 2003). Grundsätzlich werden dabei drei Symptomfelder unterschieden:

1. Zunächst kommt es zu einer unfreiwilligen Überflutung mit Bildern und Gedanken der traumatischen Erfahrung (intrusive Symptome). Häufig ist

das Wiedererleben so stark, dass pseudopsychotische Episoden (Flashbacks) auftreten.

2. Die Intrusionen münden in eine Vermeidung von Reizen, die mit dem Trauma verbunden sind (konstriktive Symptomatik). Dabei kann es zu Erinnerungslücken (Amnesien) kommen. Zwischen den Extremen der Intrusionen und Konstriktionen ist häufig ein Hin- und Herschwanken zu beobachten.
3. Dazu treten anhaltende Symptome physiologischer Übererregung wie erhöhte Reizbarkeit, Schreckhaftigkeit und Konzentrationsschwierigkeiten (Hyperarousal), häufig verbunden mit Schwierigkeiten, ein- oder durchzuschlafen (Flatten et al. 2001, 4).

Die Veränderungen lassen sich neben den psychischen auch in physischen Auffälligkeiten nachweisen. Die chronischen Konsequenzen traumatischer Ereignisse zeigen sich zum Teil direkt auf der Ebene biochemischer Veränderungen und neurophysiologischer Reaktionen. Bei Traumatisierten finden sich eine Reihe neuroendokrinologischer Dysregulationen und hirnphysiologischer Auffälligkeiten. Die posttraumatische Belastung ist daher als komplexes Zusammenspiel zwischen psychologischen, physiologischen und sozialen Prozessen zu betrachten (van der Kolk 1999).

Komplexe PTBS und Dissoziation

Die Folgen extremer und lang anhaltender Traumatisierung (so genannte Typ II-Traumata), wie sie in der Regel bei frühem sexuellen Missbrauch entstehen, werden im angloamerikanischen Raum nochmals als „komplexe“ PTBS von der „einfachen“ PTBS unterschieden. Die komplexe PTBS ist durch psychische Fragmentierung gekennzeichnet, durch Phänomene der Desintegration und Dissoziation, in denen die Verbindungen von Erleben, Erinnern, Wissen und Fühlen aufgelöst sind – eine ursprüngliche Überlebensstrategie, die sich autonom fortsetzt (Terr 1995).

Die dissoziativen Erscheinungen sind als Versuch zu betrachten, das in Auflösung befindliche Ich zusammenzuhalten. „Wenn man nicht physisch fliehen kann, wird man versuchen, psychisch zu ‚fliehen‘, die Situation selbst ‚unwirklich‘ zu machen und den eigenen Körper als fremd, als nicht mehr zugehörig erleben, um den physischen und seelischen Schmerz zu verringern“ (Wirtz 1990, 142). Zwischen dissoziativen Erscheinungen und Erfahrungen früher sexueller Gewalt besteht zahlreichen Forschungsergebnissen zufolge ein starker Zusammenhang (van der Kolk et al. 1996).

Es kann aber auch zu einer Spaltung der Selbstrepräsentanzen kommen, zu einer Fragmentierung des Selbst- und Identitätserlebens: „Je häufiger sich diese traumatischen Erschütterungen ereignen, desto zahlreicher werden auch die abgespaltenen Persönlichkeitsfragmente, die in manchen

Fällen ein quasi eigenes Leben zu führen beginnen und für die betroffene Person große Verwirrung schaffen“ (Wirtz 1990, 145). Die Spaltungsmechanismen und Fragmentierungen verhindern die Entwicklung eines kohärenten Körperbildes und Selbstgefühls sowie die Fähigkeit, sich selbst und die eigenen Emotionen regulieren zu können. Im Extremfall kann diese Spaltung des Selbst- und Identitätserlebens eine Persönlichkeitsspaltung bis hin zur multiplen Persönlichkeit auslösen.

Innerhalb der Auswirkungen unterscheidet man Kernbereiche und emotionale Grundstimmungen, auf die sich die Traumatisierung besonders stark niederschlägt. Im Folgenden sollen die für die sexuelle Traumatisierung besonders zentralen Bereiche erläutert werden.

1.2.2 Erschütterung des Selbstkonzeptes

Aufgrund ihrer prägenden Wirkung auf die Persönlichkeit verzerren frühe traumatische Erfahrungen die Erwartungen von Betroffenen in Bezug auf die Welt sowie in zwischenmenschliche Interaktionen und das eigene persönliche Integritätsgefühl. Die grundlegende Missachtung des eigenen Willens und die oft über Jahre andauernde Verletzung ihrer körperlichen Unversehrtheit lässt sexuell missbrauchte Kinder spüren, dass ihnen ihr Recht auf Selbstbestimmung genommen ist. Die immer wiederkehrende Erfahrung der Ohnmacht und Hilflosigkeit dringt in die Realität der Betroffenen derart ein, dass sie sich auch später als Objekt wahrnehmen und sämtlicher Möglichkeiten beraubt sehen, aus der Situation herauszutreten (Riedesser et al. 1999). Erklärbar wird dieser Vorgang durch den soeben genannten Abwehrmechanismus der Dissoziation.

> „*Als kleines Mädchen hab ich mich, glaub ich, mehr gewehrt*“, erinnert sich Frau Albant, „*später dann war dieser Mechanismus, ich geh in Paralyse und spalte ab, einfach gelernt... weil ich nie den Ausweg gesehen habe*“. Die Auswirkungen der dissoziativen Mechanismen verfolgen sie daraufhin bis ins Erwachsenenalter: „*Und ich bin dann später jeden Morgen um sechs Uhr... aufgewacht und konnte mich nicht mehr bewegen... es war, wie wenn ich so abgespalten war, dass ich einfach keinen Zugang mehr dazu hatte... und war für den Rest des Tages total geliefert*“.

Janoff-Bulman (1985) beschreibt dieses Phänomen als „shattered assumptions“, als eine fundamentale Erschütterung grundlegender Überzeugungen wie der eigenen Unverletzbarkeit, des Gefühls der Sicherheit und Geborgenheit in der Welt und der positiven Selbstwahrnehmung. Das Sich-Empfinden als autonomes Wesen wird schwer beeinträchtigt, es kommt zu Dysfunktionen und Symptombildungen wie beispielsweise (Auto-)Aggressionen, Depressionen und daraus resultierenden Stigmatisierungen.

> „*Mir fällt es bis heute schwer, zu überlegen, wie hab ich früher gelebt. Wie habe ich das alles ertragen?*“ berichtet Herr Degan aus seiner Kindheit. Die fundamentale Erschütterung führt seiner Erzählung nach nicht nur zu einer Spaltung der Selbstwahrnehmung in zwei getrennte Persönlichkeiten, sondern auch zu einer lang anhaltenden Isolationstendenz. „*Ich hab immer das Gefühl, eigentlich sind alle ganz weit weg von mir*“, beschreibt Herr Belgard den „Preis“ für die dissoziativen Abspaltungen.

Für viele Gewaltopfer führt dies auch zu einer Zerstörung innerer Werte. Insbesondere bei Gewaltübergriffen in der Kindheit wird ein gerade erst entstehendes Wertesystem angegriffen und teilweise zerstört:

> „*Ich hab mich von diesem Wert Gerechtigkeit verabschiedet*“, sagt Frau Albant, „*ich glaube, sonst... also wenn der Wert mir so viel wert wäre... dann hätt ich's nicht verarbeiten können... ich glaube, das kommt dann nicht mehr vor*“.

Auch Überlebende des Holocaust haben diesen persönlichkeitsverändernden Werte- und Funktionsverlust oft beschrieben (Améry 1997).

1.2.3 Vertrauensverlust

Sexuelle Gewalt setzt an vitalen Bedürfnissen nach Nähe und Vertrauen an. Der unbelastete Zugang zu diesen existenziellen Grundbedürfnissen wird bei sexueller Ausbeutung gerade durch jene Menschen zerstört, von denen das Kind am stärksten abhängig ist und denen es Liebe und Vertrauen schenkt. Das Kind verliert das Vertrauen in seine Umgebung, die es aktiv misshandelt oder zumindest nicht zu schützen vermag. Seine Gefühle werden missachtet, es fühlt sich verraten und als Sexualobjekt benutzt. Kinder mit traumatisierenden Lebenserfahrungen entwickeln infolgedessen häufig einen spezifischen, chaotisch-desorganisierten Bindungsstil (s. Kapitel 2.1.2; Main 2001).

Durch die entstehenden Schuld- und Schamgefühle, die gesellschaftliche Tabuisierung und die von dem/der Täter/-in erzwungene Geheimhaltung wird die Selbstachtung und die Verbindung zu sich selbst und anderen Personen zusätzlich beeinträchtigt. Eine große Rolle spielt in diesem Kontext auch das Verhalten der Mutter:

Als in unmittelbarer Umgebung Frau Cirillos ein Mädchen von einem Fremden missbraucht wird und er dies auch bei Frau Cirillo versucht, reagiert die Mutter mit Gleichgültigkeit. Auf Frau Cirillo wirkt dieses Verhalten als klares Signal, mit der innerfamilialen Gewalt bei der Mutter erst recht kein Gehör zu finden: „*Nachdem meine Mutter dann schon so dadrauf reagiert hat, bei einem Fremden, habe ich mir als Kind gesagt, okay, forget it…*".

Viele Betroffene denken aufgrund ihrer Isolation, sie seien mit ihrer Erfahrung allein. Nähe und Vertrauen birgt für sie Gefahr, Vertrauen hat zum Missbrauch geführt. Bei Versuchen, Beziehungen einzugehen, wiederholen sich häufig die Enttäuschungen, da es an gesunden Bindungsmustern und Abgrenzungsfähigkeiten fehlt. Dieser Verlust des Vertrauens ist allen sexuellen Gewaltopfern gemeinsam (Lew 1993, 41).

So beschreibt Herr Degan als Auswirkung der sexuellen Übergriffe durch die Mutter die Unfähigkeit, Vertrauen zu anderen Menschen zu entwickeln, Beziehungen einzugehen und eine erfüllende Sexualität zu leben: „*Und dann hab ich auch festgestellt, dass ich niemals eine Beziehung hatte, in meinem ganzen Leben nicht, dass ich niemals befriedigende Sexualität hatte*".

Die Angst vor erneuter Ausbeutung, Verletzung und Kontrollverlust in einer Beziehung hat einen großen Anteil an der Entstehung von Selbstwertproblematiken, Beziehungs- und Kontaktproblemen und depressiven Verstimmungen (Joraschky 2000). Andererseits können sich die erlebten Grenzüberschreitungen und die dabei empfundenen Gefühle von Einsamkeit und Isolation auch in Distanzlosigkeit manifestieren (Finkelhor/Browne 1985). Da die eigenen Grenzen für die Opfer weder spürbar noch vermittelbar sind, kommt es häufig zu Reinszenierungen und erneuten Ausbeutungssituationen, also Reviktimisierungen.

„*Da sind meine Gefühle drin gefangen… dass es auch hässliche alte Typen sein mussten, die auch so der Optik meiner Mutter entsprachen…*", schildert Herr Degan mit Abscheu seine eigenen sexuellen Phantasien; „*da sind Botschaften drin, ein Wiederholungszwang: Du bist gar nichts anderes wert… nur das steht dir zu… du bist der letzte Dreck… und das verhindert, dass ich geliebt werden kann und selber lieben kann*".

Ersehnte und wertschätzende Beziehungen kommen so nur schwer zustande, gewohnt-gewaltgeprägte hingegen setzen sich wie von selbst fort (s. Kapitel 1.2.9).

1.2.4 Scham- und Schuldgefühle

Aufgrund der soeben geschilderten Dynamik halten Betroffene sexueller Gewalt sich häufig für mitschuldig, da sie bei dem/r Täter/-in Liebe, Zuneigung, Vertrauen und Zugewandtheit gesucht haben. Darin sehen sie ihre eigene Mitwirkung oder einen Mangel an Widerstand. Um die lebenswichtige Bindung zur Bezugsperson aufrechtzuerhalten, so bereits Ferenczi (1933/1972), idealisieren misshandelte Kinder häufig die Misshandler/innen und suchen die Verantwortung und Schuld für die Übergriffe bei sich selbst.

Eine weitere Ursache für dieses Phänomen ist die Verleugnung der absoluten Ohnmacht und Hilflosigkeit, die für manche Opfer von Gewalttaten schwerer zu ertragen ist als die Übernahme der Verantwortung. Dies kann zu einer Identifikation mit dem Aggressor führen. „Schuldgefühle schützen vor dem Gefühl der Hilflosigkeit: aus dem Opfer wird ein Täter" (Heinerth 2004, 161).

Auf lange Sicht gesehen verfolgt das Schuldempfinden die Opfer jedoch ebenso unerbittlich wie die damit verbundenen Schamgefühle.

> *„Die Schuldgefühle… also ich kann mir mich selber gar nicht vorstellen ohne, all die Jahre"*, berichtet Frau Egner.

Die Opfer schämen sich nicht nur für sich selbst und ihre möglicherweise unwillentlich empfundenen Lustgefühle, sondern auch für die ganze Familie und den/die Täter/-in – in der Ahnung beziehungsweise dem Wissen, dass etwas Tabuisiertes geschieht und nach außen hin verleugnet wird.

> *„In unserer Familie wurde immer vorgespielt, es sei eine heile Welt und eine tolle Familie"*, erklärt Frau Egner, *„und es war nicht denkbar, dass so etwas in unserer Familie vorkommen könnte oder vorgekommen ist… also dieser Gedanke, dass ich sexuell missbraucht wurde… und dann obendrein noch von meinem Vater…"*.

Drohungen und Schuldzuweisungen des/r Täter/-in spielen ebenfalls eine entscheidende Rolle für diese Dynamik.

> *„Das hat er mir auch eingetrichtert… dass ich die böse schlechte Frau bin, die ihn reizt"*, erläutert Frau Egner, *„die Schuld für das, was passiert, eingeredet, und mir ein sehr schlechtes Frauenbild vermittelt"*.

Bereits als Kinder fühlen Gewaltbetroffene sich stigmatisiert, nehmen sich anders und isoliert von anderen wahr und haben das Empfinden, man müsse ihnen die Übergriffe ansehen. Dies hat wiederum gravierende Auswirkungen auf das ohnehin angegriffene Selbstwertgefühl und führt unter anderem zu Risikoverhalten und/oder autoaggressiven Tendenzen (Teegen et al. 1992).

Summit (1983) benennt diese Dynamik sexueller Gewalttaten und die darauf folgenden typischen Reaktionsweisen der Opfer als „sexual abuse accomodation syndrome". Ihren Beschreibungen nach ermöglicht das Anpassungssyndrom mit seinen Komponenten Geheimhaltung, Hilflosigkeit, Verstrickung, Anpassung und zeitverzögerte konfliktreiche Aufdeckung dem Kind zwar das Überleben in der aktuellen Missbrauchssituation, es wirkt sich auf lange Sicht gesehen jedoch als Veränderung der gesamten Persönlichkeitsstruktur höchst destruktiv und stigmatisierend für die Opfer aus. Die Gesellschaft unterstützt diese Auswirkungen mit ihrer Tendenz zur Tabuisierung und trägt noch zusätzlich zur Stigmatisierung und Unglaubwürdigkeit der Opfer bei (Birck 2001, 34).

1.2.5 Verwirrung der Gefühle

Anders als bei der körperlichen Misshandlung bleiben bei sexuellem Missbrauch meist keine sichtbaren Spuren zurück. Durch die Überforderung während der Übergriffe und das daraus resultierende Vermeidungsverhalten entwickeln sich jedoch häufig Erinnerungsschwierigkeiten und -lücken sowie dissoziative Abspaltungen.

> „*Also ich habe immer wieder Respekt vor der Psyche, wie das funktioniert*", sagt Frau Albant, „*also das war wirklich so, dass ich den ganzen Missbrauch komplett in den zwei Jahren verdrängt hatte. Ich hätte es nicht erzählen können*".

Das Trauma verändert auch das Zeitgefühl. Traumatisierte leben häufig in einer gleichsam endlosen Gegenwart ohne Zukunft und Vergangenheit. So sehen sich Betroffene zuweilen selbst in Ungewissheiten über die genauen Zusammenhänge der Vorgänge.

> „*Ich rutschte immer mehr in so einen Zustand, wie soll ich den bezeichnen, von Absorbiertheit vielleicht*", berichtet Frau Albant.

Dieser Sachverhalt wird in der „False-Memory-Debatte" kontrovers diskutiert. Nach den neuesten Erkenntnissen sind sowohl Erinnerungslücken als auch Falscherinnerungen nach Traumata möglich, Erinnerungslücken jedoch weitaus häufiger anzutreffen (Lindsay/Briere 1997).

Diese Gefühlsverwirrung wird von dem/r Täter/-in durch systematische Interventionen oftmals noch unterstützt. Berührungen erfolgen wie zufällig und werden als Spiel, Erziehungsmaßnahme oder liebevolle Zuwendung in den Alltag eingebaut.

Findet der Missbrauch, wie bei Frau Albant, nachts statt, kann dies für das Opfer zu einer Konfusion zwischen Traum und Wirklichkeit führen. *„Meine Welt war dann auch mittlerweile verdreht"*.

Zuweilen erhält das Opfer von dem/r Täter/-in in der Familie eine bevorzugte Stellung. Auch die gesellschaftliche Tabuisierung verbannt das Thema in einen nebulösen Raum. Für Kinder erweisen sich diese Zusammenhänge als undurchschaubar und führen in Selbstzweifel und weitere Schuld- und Schamproblematiken. Häufig kommt es auch zur Verleugnung der eigenen Wahrnehmung, da das Kind nicht zu der Schlussfolgerung kommen darf, dass der Täter schlecht ist, solange es auf ihn angewiesen ist (van der Kolk 1999).

So berichtet Frau Albant: *„Also dieser Denkprozess, dass was verkehrt ist, der hat mit sechzehn angefangen… und hat dann ungefähr bis achtzehn gedauert, dass ich wusste, es ist was total falsch, ich habe keine Worte dafür, aber meine Gefühle waren einfach deutlich: Das stimmt nicht so!"*

Irgendwann haben die Kinder das Gefühl für sich und ihre wahren Gefühle verloren und sehen sich selbst als das, was der sexuelle Übergriff in ihren Augen aus ihnen gemacht hat. Sie entwickeln Ekelgefühle – nicht nur vor dem Täter, sondern auch vor ihrem eigenen Körper, der mit dem Missbrauch identifiziert ist. „Er wird zu einer Quelle von Unlust, Anspannung, Verletzung und Leiden statt zum guten Selbstobjekt, auf ihn wird alles Negative und Feindliche projiziert" (Olbricht 1997, 55). Die Probleme beziehen sich jedoch nicht nur auf die Wahrnehmung des eigenen Körpers, sondern auf das gesamte Selbstkonzept (s. Kapitel 1.2.2).

1.2.6 Sprachlosigkeit und Sprachstörungen

Die sexuellen Übergriffe beginnen in der Regel in einem Alter, in dem sie nicht bewusst zugeordnet werden können. Das Übergewicht von Bildern und körperlichen Empfindungen bei gleichzeitigem Fehlen einer verbalen Äußerungsmöglichkeit ist daher häufig charakteristisch für das Auftauchen von Erinnerungen an traumatische Szenen.

„Und dafür gab's ja damals auch keine Worte", sagt Frau Albant über ihre Situation als Kind.

Nach aktuellen neurophysiologischen Forschungsergebnissen werden traumatische Erinnerungen auf einem somato-sensorischen, nichtverbalen Niveau gespeichert. Die Affektgeladenheit der Erinnerungen macht es daher auch hirnphysiologisch schwierig, sie mit Sprache zu verbinden. Traumatisierte können daher „das Erlebte nur schwer ‚verstehen'" (van der Kolk et al. 1999, 75).

Selbst Versuche, sich sprachlich mitzuteilen, scheitern. Sie werden vom Umfeld häufig ignoriert oder missverstanden. Bis zu sieben Mal durchschnittlich müssen Kinder an ihr Umfeld herantreten, bis ihnen Glauben geschenkt wird (Enders 1995, 15). Mit zehn Jahren versuchte Herr Degan beispielsweise, seinen Vater anzusprechen, der jedoch nicht auf den Hilfeschrei reagierte. Auch Frau Albant informierte im Jugendlichenalter den Pfarrer.

Die von dem/r Täter/-in erzwungene Geheimhaltungspflicht, nicht selten verbunden mit massiven Drohungen, und die eben genannten Schuld- und Schamgefühle hemmen Kinder zusätzlich, über die sexuellen Gewalterfahrungen zu sprechen. Auch die Gefühlsverwirrung kann zu Schwierigkeiten führen, sich auszudrücken. Häufig sind Sprachstörungen die Folge, manche Kinder reagieren sogar mutistisch, das heißt, sie verstummen völlig (Bange 1992).

Kinder geben stattdessen häufig nonverbale Hinweise. Das Kind fürchtet auch, die Familie zu zerstören oder die Beziehung zum/r Täter/-in selbst zu gefährden. Missbrauchte Kinder leben folglich in einer inneren Ambivalenz zwischen Nicht-reden-Dürfen und Reden-Wollen und haben gleichzeitig die Angst vor, aber auch die Hoffnung auf eine baldige Aufdeckung der sexuellen Übergriffe. Die Sprachlosigkeit angesichts dessen, was passiert, und der gleichzeitige Wunsch, sich einem Menschen anzuvertrauen, lasten schwer auf den Kindern (Birck 2001).

1.2.7 Ängste

Betroffene sexueller Gewalt haben ein Klima dauernder Gefahr durchlebt, in dem sie jedes noch so kleine Anzeichen des/der Täter/-in zu deuten gelernt und in einem ständig erhöhten Erregungsniveau gelebt haben. Frühe Übersensibilisierung erklärt so vermutlich das Verhalten vieler traumatisierter Kinder: Manchmal können unbedeutende Auslöser völlig unangemessene Reaktionen herbeiführen. Werden sie an das Trauma erinnert, „so werden sie zu Opfern ihres reflexhaften Verhaltens… Sie fühlen, als würden sie das Ereignis erneut durchleben" (van der Kolk 1999, 35f).

So versucht Herr Belgard heute, seine permanente „Hab-Acht-Stellung" abzubauen: *„Also ich hab, glaub ich, gelernt, irgendwie Situa-*

tionen einschätzen zu können", berichtet er, *„also ich habe da eine unglaubliche Wahrnehmung gehabt... also diese Wahrnehmung, denke ich, kommt aus dieser Familie"*.

Unterstützt wird diese Erkenntnis durch Forschungsergebnisse von Foa et al. (1992). Sie gehen davon aus, dass traumatische Informationen im Gedächtnis in Form von assoziativen Netzwerken, so genannten Furchtstrukturen, gespeichert werden. Die Netzwerke tiefgreifender Traumata sind durch eine hohe physiologische Dauererregung, eine große Anzahl möglicher Auslöser (so genannter Trigger) und eine niedrige Aktivationsschwelle gekennzeichnet. Ein Netzwerk wird bei der Wahrnehmung von Gefahr als gesamte Einheit aktiviert. Erfahrungsmuster beeinflussen so wahrscheinlich von klein auf das Verhalten von Traumaopfern. Einige erreichen nie mehr ein körperliches Grundgefühl von Entspannung.

Die jahrelang erlebte Angst führt zu einer Ausbreitung der Angstproblematik auf viele Lebensbereiche: Albträume, Phobien, Konzentrationsstörungen, Schulversagen, psychosomatische Probleme und Zwangsstörungen können die Folge sein.

„Ich hab jahrelang Träume gehabt, wo mir jemand dann, wenn ich mich wehren will, in meine Hand fasst, also so, ich darf mich nicht wehren ... also immer in Variationen, aber es ist halt immer ein Übergriff", erinnert sich Frau Albant.

Manche Kinder und Jugendliche transformieren die Angst in Aggressionen und dissoziales Verhalten. Die Ängste können aber auch aggressive oder depressive Grundstimmungen hervorrufen und eine aktive Hilfesuche verhindern. Bereits als Kinder haben Opfer von Gewalttaten oft die Fähigkeit verloren, ihre Gefühle zu regulieren, und fühlen sich ihnen angstvoll ausgeliefert (Fonagy 1999).

1.2.8 (Auto-)Aggressionen

Eine empirisch besonders häufig belegte Folgeerscheinung sexueller Gewalt ist (Auto-)Aggression, die sich zu Beginn als natürliche Reaktion auf die Übergriffe zuweilen noch gegen den Aggressor richtet. In den meisten Fällen sind die Kinder jedoch chancenlos gegenüber der unverhältnismäßigen Übermacht der Täter/-innen.

„Ich kann mich erinnern, dass ich richtig gekämpft habe und er mich einfach lachend festgehalten hat", erinnert sich Frau Albant.

Später richtet sich die Aggression infolgedessen gegen die Opfer selbst oder äußert sich in dissozialem Verhalten, bis der Ursprung der Aggressionen den Betroffenen bewusst wird.

> *„Man kann so eine starke Wut haben, man möchte wirklich die Wände einschlagen... das ist dann schon auch mit Mordlust verbunden"*, sagt Herr Degan im Rückblick. *„Wenn ich an meine Mutter denke, sehe ich mich als Kind, wie ich sie geliebt habe, ich kann auch Rudimente von dieser Liebe nach wie vor spüren, das geht ja nie ganz weg; aber ich hasse sie für all das, was sie mir angetan hat... ich hasse sie... weil das auch die Wahrheit ist... ich bin fest davon überzeugt, dass es Dinge gibt, die Menschen anderen antun, wo Hass die einzige Antwort drauf ist... man kann auch von jemandem, der Auschwitz erlebt hat, nicht erwarten, dass er sich hinterher versöhnt, das geht mir zu weit"*.

In der Zeit des verzweifelten Ausagierens geraten sexuell missbrauchte Jugendliche daher häufig mit dem Gesetz in Konflikt.

> So berichtet beispielsweise Herr Belgard: *„Früher hab ich das wirklich kanalisiert auf diese politische Ebene... und das ging schon bis zu Plänen, jemanden umzubringen... wo es gut war, dass wir's nie gemacht haben, so, aber es war schon sehr extremer Umgang also mit schon auch strafrechtlichen Sachen... ich glaube, ich hatte so eine Menschenverachtung"*.

Manche, jedoch keineswegs alle missbrauchten Kinder, werden aufgrund ihrer Traumatisierung selbst zu Täter/-innen sexueller Gewalt. Auch darüber werden unkontrollierbare Ängste gebannt, die sich für die Betroffenen anders schwer regulieren lassen. Dies gilt insbesondere für Jungen (Bretz et al. 1994).

Mädchen und Frauen neigen dagegen häufiger zu Autoaggressionen. Oft sind diese Autoaggressionen Ausdruck eines Bedürfnisses, sich selbst zu bestrafen, diesmal aber die Kontrolle über das Geschehen zu behalten.

> Als Jugendliche sieht Frau Cirillo beispielsweise in ihrer Phantasie ständig eine kleine, abgemagerte Maus, die verzweifelt nach einem Ausgang aus ihren Armen sucht. In der festen Vorstellung, das Tier und damit letztlich sich selbst befreien zu müssen, fügt sie sich tiefe Schnitte zu, die zumeist zu stationären Aufnahmen führen. *„Dieses Autoaggressive, sich so die Arme aufzuschneiden, war früher wesentlich extremer"*, sagt sie im Rückblick.

Selbstverletzungen können jedoch auch den Zweck haben, in der Abspaltung und Abwesenheit einer dissoziativen Welt Kontakt zu sich und anderen über die Selbstverletzung und den Schmerz aufzunehmen, und stehen damit häufig auch „im Dienst der Suizidprophylaxe“ (Olbricht 1997, 55).

> *„Das weiß ich noch, dass es immer so ein Kitzel war, mich selber kaputtzumachen“*, berichtet Herr Belgard. Anders war es schwer für ihn, sich selbst zu spüren.

Auch Suchtverhalten kann einen Versuch darstellen, die Folgen früher sexueller Traumatisierung zu bewältigen (Paolucci et al. 2001).

Bei den meisten – männlichen wie weiblichen – Opfern schwerer sexueller Gewalterfahrung kommt es im weiteren Lebensverlauf auch zu Suizidgedanken, -versuchen oder -umsetzungen, wenn die Gefühle sie zu überfluten drohen (Gahleitner 2003).

> Frau Cirillo berichtet dazu: *„Also ich denke, wenn man sich anguckt, wie ich versucht habe, mich umzubringen, nämlich immer irgendwie durch Sichschneiden und Vergiften, immer irgendwie in dem Versuch, was auszumerzen, was rauszuschneiden... überhaupt dieses ganze Thema, auf der einen Seite Gefühle haben zu wollen und auf der andern Seite sie aber immer wieder niederringen zu wollen.“*

1.2.9 Probleme mit Partnerschaft und Sexualität

Als Eingriff in eine sich entwickelnde Sexualität wirkt sich sexueller Missbrauch für die meisten Opfer gravierend auf die Entfaltung ihrer Sexualität aus. Die Sexualität des Kindes wird in einer dem Entwicklungsstand unangemessenen und dysfunktionalen Art und Weise geformt. Spätere sexuelle Beziehungen werden häufig aus der Perspektive der damaligen Extremsituation gestaltet.

Viele mit dem Missbrauch zusammenhängende Probleme kulminieren daher insbesondere im Bereich der Beziehungsaufnahme und Sexualität. Dies kann entweder zur Vermeidung von intimen Beziehungen und körperlichen Berührungen führen, also zur Negierung sexueller Bedürfnisse, andererseits jedoch auch zu einer Sexualisierung von sozialen Beziehungen, wie sie sich beispielsweise in Reinszenierungen, Reviktimisierungen, Promiskuität und Prostitution zeigt (Wyatt et al. 1993).

> So wurde Herr Degan in der Folge der erfahrenen Gewalt zwar weder explizit erneut zum Opfer noch zum Täter sexueller Gewalthandlungen. Die sexuellen Störungen, die er beschreibt, weisen jedoch einen

stark reinszenierenden Charakter auf. „*Sexualität ist für mich gekoppelt mit Entwertung, Entwürdigung, Demütigung… ich kann nicht erregt sein, wenn man irgendetwas Liebevolles mit mir macht…*“

Probleme treten insbesondere dann auf, wenn emotionale Nähe entsteht, da hier ein erneuter Vertrauensmissbrauch befürchtet werden muss. Auf der anderen Seite fühlen sich viele Opfer sexueller Gewalttaten ebenso wie Herr Degan von sexuellen Phantasien gepeinigt, die ihrer eigentlichen Vorstellung von Sexualität widersprechen. Sie erleben erneut ein Gefühl des Ausgeliefertseins und der Ohnmacht, diesmal jedoch ausgelöst durch eine innerpsychische Dynamik. Finkelhor und Browne (1985) bezeichnen diesen Vorgang als traumatische Sexualisierung.

Diese Vorgänge spielen auch eine Rolle bei den bereits angesprochenen Reviktimisierungen. In einer groß angelegten Untersuchung von Russel (1986) wurden 82 Prozent der ehemals missbrauchten Frauen später in irgendeiner Form wieder Opfer sexueller Gewalt. Russel diskutiert auch die möglichen Ursachen der hohen Reviktimisierungsrate. Sie vermutet, dass Opfer sexueller Gewalt nie gelernt haben, sich zu schützen.

Sexuell geschädigte Personen fühlen sich daher auch später in schwierigen Situationen hilflos und ausgeliefert, da sie die Überzeugung verinnerlicht haben, Situationen nicht in ihrem Interesse beeinflussen zu können.

Die Erfahrung von Frau Cirillo bei der Vergewaltigung bestätigt dies eindrucksvoll: „*In den Anfängen habe ich mich gewehrt, und irgendwann war's wie als wäre so ein Schalter umgelegt worden… ich habe viele Jahre lang nicht kapiert, warum das so hat ablaufen können*“.

Über die Dynamik und Mechanismen, die dazu führen, dass ein Opfer sexueller Gewalt selbst zum/r Sexualtäter/-in wird, gibt es bisher noch keine ausreichenden Erkenntnisse, die eindeutige Schlüsse zulassen. Ebenso umstritten ist die Anzahl derer, bei denen sich eine solche Entwicklung vollzieht (Rossilhol 2002, 143ff). Es ist also anzunehmen, dass Viktimisierung einen Einflussfaktor für eine spätere Entwicklung zum/r Täter/-in darstellt, jedoch keine linearen Kausalitäten bestehen.

Prostitution, Promiskuität und Täter/-innenschaft können daher nur unter Vorbehalt als „typische“ Folgen sexuellen Missbrauchs bezeichnet werden. Es gibt zwar Zusammenhänge, aber sie bestehen nicht durchgängig und sind von zahlreichen anderen Faktoren abhängig.

Vereinzelt gibt es auch konstruktive Ansätze im Umgang mit Sexualität nach sexuellen Gewalterfahrungen, die nicht von vornherein ausgeblendet werden sollten. So kann man zum Beispiel die Entscheidung weiblicher Missbrauchsopfer, mit Frauen zu leben, als Ressource betrachten. Im Gegensatz dazu wird Homosexualität von manchen Theoretiker/-innen und Praktiker/-innen als Schädigung durch den Missbrauch interpretiert und steht als Fehlentwicklung neben anderen Störungen und Symptomatiken (Gutjahr/Schrader 1990).

Tatsächlich verfolgt die Angst, durch die Tat homosexuell geworden zu sein, insbesondere missbrauchte Jungen häufig quälend. Die Homophobie jedoch, die sich darin ausdrückt, perpetuiert alte Vorurteile unserer Gesellschaft. Weitaus die meisten Missbrauchsopfer sind keineswegs lesbisch oder schwul. Lebensformen zu pathologisieren wird inzwischen an vielen Stellen kritisiert (Lew 1993).

Dabei wird nochmals deutlich, wie sehr langfristige Folgeerscheinungen sich nicht nur als negative Konsequenz, sondern als Anpassungsleistungen und Selbstheilungsversuche traumatischer Ereignisse verstehen lassen – und damit bereits als Bewältigungsformen.

1.3 Bewältigungsmöglichkeiten

Bei sexueller Traumatisierung in der Kindheit trifft ein erwachsenes, durchorganisiertes System von Gewalt auf ein in Entwicklung befindliches, hochvulnerables System des Kindes. In der dauerhaft bedrohlichen Situation kommt es für das Kind zu einer Erschöpfung der physischen und psychischen Kapazitäten. Für Opfer sexueller Gewalt im sozialen Nahraum existieren daher wenig situationsbezogene Bewältigungsformen. Den Übergriffen kann weder entflohen, noch können sie aus eigener Kraft beendet werden. Es kommt daher umgehend zu intrapsychischen, hilflosigkeitstypischen Formen des Umgangs mit der einwirkenden Gewalt. Symptomatik und Bewältigung sind unter diesen Ausgangsbedingungen nur schwer zu differenzieren.

Abwehr und Coping erhalten in dieser Diskrepanz zwischen existenzbedrohender Traumatisierung und fehlenden effektiven Bewältigungsmöglichkeiten überlebenssichernde Bedeutung. Als Coping werden in diesem Kontext alle psychischen Bewältigungsstrategien verstanden, die ermöglichen, die Erfahrung und das Wiedererleben des sexuellen Missbrauchs möglichst funktional zu integrieren (van Outsem 1993, 173). Die jeweilige Ausgestaltung des Copings wirkt als der wesentlichste Mediator zwischen der sexuellen Gewalterfahrung und der späteren psychischen Verfassung.

Als Beispiel sei nochmals der Mechanismus der Dissoziation angesprochen: Er hilft zunächst als Abwehr- und Copingstrategie, das Trauma zu ertragen, ohne dass es ins Alltagsbewusstsein gelangt, und erweist sich damit als Schutzfaktor. Allerdings funktioniert dieser Mechanismus mit der Zeit nicht mehr nur im Dienst der Abwehr, sondern entwickelt sich zu einem festen Persönlichkeitsbestandteil, der mit der Zeit dysfunktional wird und zahlreiche Symptomatiken nach sich zieht. Bindungsmuster bleiben chaotisch und desorganisiert, Abgrenzungsfähigkeiten defizitär. Die Binnenwahrnehmung wird ebenso verzerrt wie die Außenwahrnehmung und der Umgang mit Affekten und Gefühlen. So kommt es im Jugendlichen- und Erwachsenenalter zu Persönlichkeitsstörungen wie beispielsweise der Borderline-Persönlichkeitsstörung (Crittenden 1997).

Bewältigungsverhalten hängt neben der individuellen Ausgestaltung auch stark von der Art der traumatischen Erfahrung, verfügbaren Schutz- und Risikofaktoren, momentaner psychischer Konstitution beziehungsweise Verwundbarkeit und damit vor allem vom Zeitpunkt der Einwirkung abhängt. Viele theoretische Copingmodelle können infolgedessen die umfassenden Auswirkungen komplexer Traumata auf das Bewältigungsverhalten, wie sie im Falle früher sexueller Gewalt im sozialen Nahraum vorliegen, nicht erklären. Der folgende Abschnitt behandelt daher eine spezifische Auswahl von Modellen, die im direkten Kontext mit der Bewältigung sexueller Gewalt entwickelt wurden oder aber für deren Verständnis erforderlich sind.

1.3.1 Bewältigungsmodelle

Eine wichtige Grundlage zum Verständnis von Bewältigung, auf die sich alle seither erarbeiteten Modelle beziehen, bietet die transaktionale Stresstheorie von Lazarus (erstmals formuliert 1966). Stress entsteht danach aus einer Interaktion zwischen den Bewältigungsversuchen einer Person und der Umwelt als „besondere Beziehung zwischen der Person und der Umgebung, die von der Person so bewertet wird, dass sie seine oder ihre Ressourcen angreift oder übersteigt und sein oder ihr Wohlbefinden gefährdet" (Lazarus/Folkman 1984, 19; Übersetzung von der Verfasserin). Wird ein Ereignis als Bedrohung oder Herausforderung interpretiert und als nicht bewältigbar eingeschätzt, entsteht Stress. Die Stressbelastung hängt von der Diskrepanz zwischen der Einschätzung der Bedrohung und den zur Verfügung stehenden Ressourcen ab. Erscheint die Diskrepanz unüberbrückbar, kommt es zu kognitiven Umstrukturierungsprozessen mit dem Ziel einer optimalen Anpassung.

Für die Bewältigung traumatischer Ereignisse stellte erstmals Horowitz (1976/1986) ein Phasenmodell vor, das Stress Response Modell. Auf einen „Aufschrei" unmittelbar nach der Traumatisierung folgen Bewältigungsversuche in Form von Vermeidung und Intrusionen. Schließt sich hier eine bewusste Auseinandersetzung mit dem Trauma an, kann ein Wachstumsprozess eingeleitet werden und zu einer Erleichterung führen. Bei dysfunktionaler Anpassung hingegen kommt es zu Stagnationen und Chronifizierungen.

In Anlehnung an Horowitz' Stress Response Modell haben verschiedene Autoren mehrphasige Modelle zur Verarbeitung traumatischer Ereignisse vorgestellt. In einem intraaktionalen kognitiven Modell der Verarbeitung sexueller Gewalt zeigt Spaccarelli (1994), wie sehr Bewertungen des Traumas neben den Tatcharakteristika und Umweltfaktoren die Bewältigung beeinflussen. Bestimmte Attributions- und Copingstile erhöhen beziehungsweise verringern seinen Ergebnissen nach das Folgenrisiko. Soziale Unterstützung und Kommunikationsmöglichkeiten über den Missbrauch spielen dabei eine entscheidende Rolle.

Ein Modell, welches das Stress Response Syndrom von Horowitz sowie kognitive und physiologische Aspekte der Traumabewältigung integriert, ist das Verlaufsmodell psychischer Traumatisierung von Fischer und Riedesser (2003). Sie betonen das Zusammenwirken von objektiven traumatischen Außenfaktoren, sozialen Umfeldfaktoren und subjektiven Bedeutungszuschreibungen. Das Modell umfasst drei Phasen:

1. In einer ersten Phase versucht das Opfer, sich an die traumatische Einwirkung anzupassen. Entsteht dadurch eine Überforderungssituation, kommt es zu einer physiologischen Übererregung und einem veränderten Raum-, Zeit-, und Selbsterleben. Die traumatische Situation wird dabei neurophysiologisch auf einer nichtsprachlichen Ebene abgespeichert und gleicht einer unterbrochenen Handlung. Bleibt die Diskrepanz zwischen Bewältigungsmöglichkeiten und der traumatischen Situation unüberbrückbar, entsteht ein so genanntes „Traumaschema".
2. In einer zweiten Phase reagiert der Organismus mit einem Notprogramm auf die traumatische Einwirkung. Er versucht, die traumatische Erfahrung zu vernichten, auszuscheiden, zu assimilieren oder mit ihr als Fremdkörper weiterzuleben. Es kommt zu einem Hin und Her zwischen Vermeidung und Überflutung und zu verzweifelten Bewältigungsversuchen, zu so genannten „minimalen Ausdrucks- oder Handlungsfeldern". Früher Beginn, fehlender Schutz und fehlende Zeit zwischen den einzelnen traumatischen Erlebnissen, wie sie für Opfer sexuellen Missbrauchs typisch sind, entwickeln sich zu einer Abwärtsspirale.
3. In der dritten Phase versucht das Opfer, die überwältigende Erfahrung zu integrieren: Es fixiert sich entweder in der intrusiven oder vermeidenden Symptomatik oder entwickelt als Gegenspieler des „Traumaschemas" das so genannte „traumakompensatorische Schema", welches in der momentanen Situation die optimale Kompromissmöglichkeit darstellt. Aus einer übergeordneten Perspektive jedoch erscheinen traumakompensatorische Maßnahmen ebenso wie Traumaschemata und insbesondere die aus einem Kompromiss zwischen beiden geborenen vielfältigen Symptome häufig irrational und nicht angepasst.

Nach diesem Modell werden Symptome als Selbstheilungsversuche erklärbar. So lässt sich beispielsweise die Übernahme der Verantwortung und

Schuld als „traumakompensatorisches Schema" betrachten, als Versuch, trotz der absoluten Ohnmacht die lebensnotwendige Bindung zum/r Täter/-in aufrechtzuerhalten. Alkohol- und Drogenabusus können ebenfalls als traumakompensatorisches Schema betrachtet werden, um die dauerhafte Übererregung zu bannen und Schlafstörungen zu bekämpfen.

So berichtet Herr Degan, er habe als Kind, „*um Zärtlichkeit zu kriegen, teilweise den Missbrauch auch mit initiiert*". Er weiß jedoch heute, dass diese Schutzstrategie auf Kosten seiner wahren Gefühle ging. „*Und heimlich... sind meine Gefühle irgendwo abgeblieben*". Auch hat das traumakompensatorische Schema zu einer Fixierung seiner Sexualität auf perverse Sexualpraktiken geführt, die er heute zutiefst verabscheut. „*Seit meinem 12. Lebensjahr habe ich diese perversen Phantasien*". Dennoch ist es für ihn nahezu unmöglich, sich diesen Impulsen zu entziehen. „*Das ist ganz schrecklich, einfach, wenn man sich das selber antut, und immer wieder das Versprechen: ich mach's nie wieder; aber es gibt Zustände, die so heftig sind, wo ich keine andere Antwort darauf finde, es sei denn, ich sauf mich wirklich knülle*".

1.3.2 Der Bewältigungsprozess

Als notwendig für den Heilungsprozess wird von allen Bewältigungsmodellen übereinstimmend die aktive Auseinandersetzung mit der traumatischen Erfahrung angesehen. Im Vorlauf der aktiven Verarbeitung kommt es jedoch bei den meisten Traumaopfern zu Überforderungssituationen, in denen mit Abwehr- und Vermeidungsverhalten reagiert wird. Fragt man beispielsweise Betroffene sexueller Gewalt im Rückblick nach der subjektiven Belastung und bewussten Auseinandersetzung mit den erfahrenen Übergriffen, so stößt man neben der individuellen Ausgestaltung auf typische Verläufe im Bewältigungsprozess.

Die meisten Betroffenen berichten von einer ersten spürbaren Belastung während der Traumatisierung und der unmittelbaren Initialfolgen. Diese Belastung wird nicht als bewusster Prozess geschildert, sondern als Wahrnehmung von Überforderung, die nur teilweise in Beziehung zur Erfahrung der erlebten Gewalt gesetzt werden kann. Zunächst bleibt daher für Jungen wie Mädchen nur die Leugnung des Geschehenen, um wenigstens die restlichen Bereiche des Lebens zu schützen. Für die Jugendzeit wird häufig eine Phase der Kompensation des Traumas, zumeist durch Vermeidungs- oder ausagierendes Verhalten, geschildert.

So lernt beispielsweise Frau Albant von ihrer Großmutter, sich bei den sexuellen Übergriffen des Vaters „unauffällig aus der Affäre" zu ziehen: *„Ich kann mich erinnern, dass meine Großmutter…, auch wenn man mit ihr darüber nicht reden konnte, mir die einzige Methode gezeigt hat, damit umzugehen. Mein Vater hat auch meiner Großmutter an die Brust gefasst… und meine Großmutter hat dann so reagiert, dass sie sich mit einem peinlich berührten Lächeln irgendwie körperlich rausgezogen hat. Und das war, glaube ich, die einzige Methode, die mir irgendjemand in dieser Welt vorgelebt hat, wie man damit umgeht, weil, das hat er ja auch mit mir ständig gemacht… und ich hab das dann ähnlich gemacht wie sie“.*

Erst durch eine Phase extremer Belastung beziehungsweise aktiver Einwirkung von außen fühlen sich Betroffene sexueller Gewalt zu einem Aufarbeitungsprozess veranlasst.

Bei Frau Albant kommt es – wie bei vielen Gewaltopfern in dieser Phase – zu einem Suizidversuch. *„So will ich nicht leben. Das… das geht nicht mehr!“* schildert sie ihre damaligen Gedanken. In dieser Extremsituation habe sie sich dann jedoch *„wirklich fürs Leben entschieden… komme, was da wolle, das irgendwie aufzuarbeiten“.*

Häufig kommt es in diesem Aufarbeitungsprozess zwar zunächst zu einer Verschlimmerung der Symptomatik (s. Kapitel 3), in der Folge jedoch zu einem Wendepunkt, von dem an die Belastung wieder abnimmt und sich schließlich bei gelungener Aufarbeitung auf einem annehmbaren Niveau einpendelt. Hierzu berichtet Frau Albant von einer denkwürdigen therapeutischen Sitzung, die die sexuelle Gewalterfahrung auf eine hilfreiche Art und Weise integriert. In dieser Sitzung wird sie aufgefordert, drei imaginäre Bilder vor sich aufzustellen: eines mit den guten Erinnerungen vor der Gewalterfahrung links, ein typisches Bild der Gewalterfahrung in der Mitte und eines rechts für die Erfahrungen danach:

„Und dann hat der mich die Bilder bewegen lassen. Und ich weiß, ein signifikanter Satz, den er mir damals gesagt hat, war, das Leben geht von positiv nach positiv und zwischendrin war es ein bisschen Scheiße, und das hat sich bei mir in der Folge durchgeneralisiert… also ich ordne meine inneren Bilder anders an. Es ist nicht mehr dieser Riesenblock in der Mitte, der alles überschattet, sondern es ist irgendwie die Peripherie ausgefüllt mit positiven Bildern.“

Selbstverständlich durchlaufen nicht alle Traumaopfer den gesamten Prozess der Aufarbeitung. Manche erinnern selbst für die Zeit der Traumatisierung und der Initialfolgen keine bewusste Wahrnehmung der Übergriffe. Einige stagnieren vor, in oder am Ende der Aufarbeitung. Dennoch gibt es

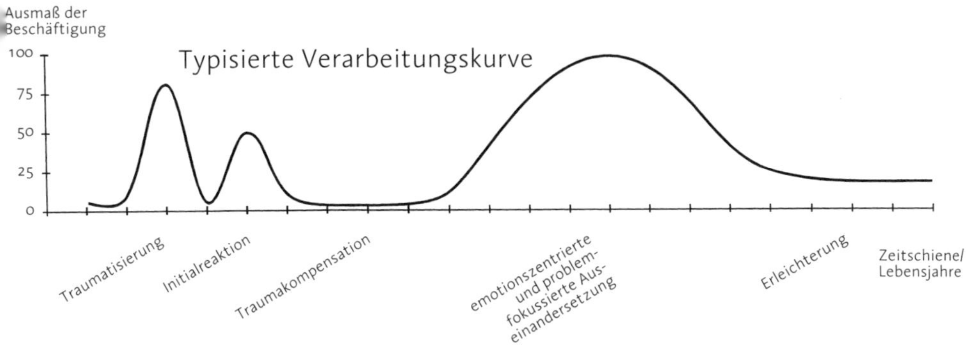

Abbildung 1: „Typisierte Verarbeitungskurve"

zahlreiche Parallelen bezüglich des Gesamtprozesses, die sich in einer Kurve (siehe Abbildung) veranschaulichen lassen (Gahleitner 2003, 256f).

Das bedeutet, dass Bewältigung als ein Prozess zu verstehen ist, in dem die einzelnen Phasen durch unterschiedliche Bewältigungsstrategien und -stile ausgefüllt werden. Die typischsten für den Bewältigungsverlauf sexuell Traumatisierter sollen im Folgenden eingehender beleuchtet werden.

Annäherung und Vermeidung als posttraumatische Dialektik

Auf lange Sicht sind sexuelle Gewaltopfer, denen es gelingt, ihre Erfahrungen aktiv zu verarbeiten, im Vorteil. Dennoch nutzen viele Traumaopfer im Anschluss an das Trauma zunächst vermeidende Strategien. Unter Vermeidungsverhalten zählt man unter anderem Verharmlosung, Verleugnung, Erinnerungsschwierigkeiten, dissoziative Phänomene und Persönlichkeitsspaltungen. Zu den aktiven Bewältigungsstrategien gehören Widerständigkeit, schützende Attributionen, Bemühungen, den Tatsachen zu begegnen, einen Umgang damit zu finden und andere Lebensbereiche für sich zu erschließen.

Insbesondere während der Übergriffe und kurz danach gehört Vermeidungsverhalten jedoch zu den häufigsten Bewältigungsformen und wird subjektiv von den Opfern auch als hilfreich im Umgang mit dem Trauma erlebt, obwohl es nachweislich langfristig zu einer Zunahme der Folgeerscheinungen führt (Leitenberg et al. 1992).

Vermeidungsverhalten scheint also zunächst „unvermeidlich" und funktionell zu sein, später jedoch als alleinige Strategie dysfunktional zu werden. Daraus lässt sich schließen, dass der Effekt verschiedener Copingstrategien stark vom Zeitpunkt ihres Einsatzes abhängt.

So sagt auch Frau Cirillo: *„Es mag vielleicht mal ruhigere Momente geben, aber es kommt immer wieder, und es ist immer wieder ein Sich-neu-Konfrontieren, und Neu-nach-Lösungen-Suchen... es gibt nicht so dieses: ‚Einmal überdacht, und so kann man's dann immer machen' – das funktioniert nicht".*

Auch Tolentino (1992) unterscheidet in einer Interviewstudie mit Opfern sexueller Gewalt eine „Phase des Durchhaltens" mit Komponenten wie Verleugnung, Flucht, Kontrollverhalten und Selbstschutzstrategien, von einer „Phase des Vorankommens", mit Strategien der direkten Auseinandersetzung mit dem Geschehenen, Suche nach sozialer Unterstützung und Konfrontation des Täters/der Täterin. Auch ihrer Beschreibung nach sind Heranwachsende zunächst mit einer Aufarbeitung des Geschehenen überfordert, insbesondere da die Reaktionen des Umfeldes eine sorgsame Aufdeckung verunmöglichen.

„Möglicherweise kann der in sich recht heterogene Rückzugs- und Vermeidungskreislauf als Vorstadium einer allgemeinen Auseinandersetzung mit traumatischen Inhalten interpretiert werden, die durch soziale Unterstützung begünstigt oder behindert werden kann" (Birck 2001, 280). Es muss daher offensichtlich zwischen erfolgs- und misserfolgstypischem Rückzugs- und Verdrängungsgeschehen unterschieden werden.

Auch Frau Cirillo bezeichnet die Ambivalenz zwischen Verleugnungsversuchen und der Konfrontation mit den traumatischen Erlebnissen, *„überhaupt dieses ganze Thema, auf der einen Seite Gefühle haben zu wollen und auf der andern Seite sie aber immer wieder niederringen zu wollen"*, als typisches Thema für sexuelle Gewaltopfer.

Ähnlich betitelt Birck (2001) die Themen Annäherung und Vermeidung als „dyadischen Angelpunkt posttraumatischer Bewältigungsversuche" (48).

Kognitive Bewältigung

Nach dem bereits beschriebenen Konzept der „shattered assumptions" von Janoff-Bulman (1985) werden die Wahrnehmungen von sich selbst und der Welt durch eine Gewalterfahrung schwer erschüttert und können den weiteren Lebensverlauf dysfunktional beeinträchtigen. So führen Selbstbeschuldigungen auf lange Sicht zu passiver Bewältigung, depressiven und aggressiven Tendenzen und einer Tendenz zum Verharren in der Opferposition.

Positive Kognitionen hingegen stärken die Widerstandskraft. Ein stabiles positives Selbstwertgefühl, externe Attribuierung der Verantwortung für den sexuellen Missbrauch, eine bewusste Distanzierung von den Vorgängen – im Gegensatz zu globaler Vermeidung – und die Wahrnehmung von Selbstkontrolle können beispielsweise erheblich dazu beitragen, die traumatische Belastung zu mindern. Die jeweiligen kognitiven Zuordnungen und Interpretationen vor, während und nach der Gewalterfahrung spielen daher eine entscheidende Rolle für den Bewältigungsprozess.

> „*Ich bin kein Monster, ich habe auch etwas, was ich selbst als gut bezeichne, in mir… ich denke, das Selbstbild des Versagers, der nicht leistungsfähig ist, stimmt bei mir so eigentlich nicht*", sagt Herr Degan in seiner Selbsteinschätzung heute über sich.

Die kognitive Umstrukturierung der erlebten Gewaltsituationen gilt daher als eine der wichtigsten Strategien zur Verarbeitung sexueller Gewalt. Maladaptive Kognitionen, wie der Verlust der körperlichen Integrität und negative Selbst- und Fremdbewertungen, können durch adaptive Kognitionen, wie beispielsweise positive Selbstbewertung und interne Kontrollüberzeugung ersetzt werden. Dies führt in der Folge auch zu einer Veränderung der Interpretation des Missbrauchs (Spaccarelli/Fuchs 1998).

Im günstigsten Fall tritt neben die Erkenntnis der Belastung durch die Gewalterfahrung der Gedanke der Herausforderung, sie zu verarbeiten und zu bewältigen. Aus dieser Perspektive wird auch der Blick auf Kräfte frei, die das Überleben ermöglicht und gesichert, vereinzelt den Geschehnissen sogar einen gewissen Sinn, eine Bedeutung zugeschrieben haben. Positive Selbstzuschreibungen mobilisieren Energien und bringen den Bewältigungsprozess in Bewegung (Tedeschi/Calhoun 1995).

Dieser Prozess kann jedoch erst mit einem gewissen zeitlichen Abstand zur Traumatisierung einsetzen – und nach der Anerkennung der Zerstörung, die die Gewalt angerichtet hat. Zu früh auf eine Umbewertung der Ereignisse zu pochen wird von den Betroffenen häufig zu Recht als Zynismus und Unverständnis gewertet.

> „*Die Frage mit dem konstruktiven Umgang ist sehr schwierig*", erklärt Herr Degan, „*es wird einem immer wieder abverlangt, nun geh doch mal konstruktiv damit um, das ist sehr leicht gesagt und unglaublich schwer getan. Man kann sich nicht den Befehl geben: So, ich gehe jetzt konstruktiv damit um… es geht – nur schrittweise… jede Negativerfahrung kann eine neue Hölle erzeugen… aber es muss nicht immer eine negative Erfahrung sein, gerade in den letzten Jahren habe ich auch positive Erfahrungen gemacht mit mir*".

Emotionale Bewältigung

Das letzte Beispiel zeigt auch, wie wichtig die Akzeptanz der emotionalen Bedeutung des Traumas und die bewusste Auseinandersetzung mit den zugehörigen Gefühlen für die Traumaverarbeitung sind. Aus Angst vor der Annäherung an die traumatischen Erlebnisse kommt es jedoch häufig zur Vermeidung aller Umstände und Gefühle, die mit dem Trauma im Zusammenhang stehen. Sexuelle Gewaltopfer, denen es dennoch gelingt, im Zuge der Bewältigung Affekte auszudrücken und soziale Unterstützung zuzulassen, zeigen sich „psychisch gesünder" im späteren Lebensverlauf (Roth/Newman 1991).

Bewusst von den Sehnsüchten seiner Kindheit Abschied zu nehmen war für Herrn Degan ein entscheidender Prozess auf seinem Weg: *„Ich denke, meine Trauer, die hochgekommen ist, bezog sich ganz stark auf meine Kinderwünsche. Ich wollte ein glückliches Kind sein, wollte ein schönes Zuhause und nichts anderes... aber da werd ich nichts mehr kriegen... wie kann ich also jetzt meine wirklichen Bedürfnisse stärken... die Gefühle müssen echt sein... und ganz wichtig ist, diese Gefühle auszudrücken, in allen Facetten, aber auch Worte dafür zu finden und darüber reden zu können"*.

Emotionsfokussiertes Coping stellt also offensichtlich einen unvermeidlichen und wichtigen Abschnitt in der Verarbeitung einer sexuellen Gewalterfahrung dar. Eine behutsame Annäherung kann helfen, die entstandenen Affektdysregulationen wieder in einen Rahmen einzubetten, dem Trauma den Schrecken zu nehmen und Symptome zu reduzieren. Wenn man keinen Ausdruck oder keine Worte findet, mit denen man die überwältigenden Gefühle im eigenen Körper benennen kann, läuft man dagegen Gefahr, psychosomatisch zu reagieren. Kommunikation über das Trauma dagegen, selbst wenn sie intrapsychisch stattfindet, scheint nicht nur Emotionen, sondern auch Kognitionen adaptiv zu beeinflussen. Auch emotionale Entlastung und symbolische Kontrolle durch kommunikative, kreative und künstlerische Prozesse haben hier eine große Bedeutung (Pennebaker/Beall 1986; Perrott et al. 1998).

„Das finde ich sehr wichtig, dass ich mir eine Möglichkeit verschafft habe, mich zu bilden", betont Herr Degan, *„mich auch intellektuell damit auseinander zu setzen und darüber zu sprechen... auch durch Literatur, Kreativität, ich schreibe sehr gerne... was mir auch zeigt, dass man auch unter solchem Terror was bewahren kann... für mich und mein Leben der wahre Segen"*.

Aggressives Verhalten und Reinszenierungen hingegen, die bei anderen Personen selbsterlebte Gefühle hervorrufen und die erlebten traumatischen Szenen mit umgekehrten Vorzeichen nochmals stattfinden lassen, bringen neben dem Schaden für andere auch eine eigene Retraumatisierung mit sich.

So finden sich unter Tätern und Täterinnen in Justizvollzugsanstalten zahlreiche traumatisierte Opfer, die in Bezug darauf Hilfe benötigen und auch annehmen (Heinerth 2004).

So erinnert sich Herr Belgard sehr intensiv an seine politischen Aktivitäten, die an vielen Stellen in offene Gewalt ausarteten. Irgendwann im Aufarbeitungsprozess wird ihm das zerstörerische Potential seiner aggressiven Aktionen bewusst:

> *„Also, ich weiß, es gab so einen richtigen Schnitt, als ich bei einer Demonstration war, und Polizisten plötzlich umringt waren von gewaltbereiten Demonstrierenden – und die hatten vorher auch böse rumgeknüppelt... und mir stand einer gegenüber. Früher hätte ich den zu Boden gebracht... und da habe ich gewusst, ich will das nicht, ich will nicht, dass jemand irgendwie Angst um sein Leben hat wegen mir".*

Als eine weitere Auswirkung dysfunktionalen Umgangs mit Emotionen nach Gewalterfahrungen ist die Verhaftung im eigenen Leid zu betrachten. Seagull und Seagull (1991) haben dieses Phänomen für Opfer sexueller Gewalterfahrung als ein Bestreben beschrieben, die traumatische Wunde nicht verheilen zu lassen. Das Verharren in der Opferposition verstärkt und verlängert die Symptome und verhindert eine Verantwortungsübernahme für die weitere Lebensgestaltung. Die Opferrolle wird zur eigentlichen Identität. Dies führt zu einer destruktiven depressiven und psychosomatischen Spirale, aus der nur schwer ein Ausweg zu finden ist. Das gesellschaftliche Umfeld leistet dazu durch Festschreibungen insbesondere bei weiblichen Opfern einen erheblichen Beitrag.

Geschlechtsspezifische Aspekte

Bewältigungsmodelle im Traumabereich berücksichtigen selten geschlechtsspezifische Aspekte. Tatsächlich gibt es zwischen Männern und Frauen zahlreiche Gemeinsamkeiten. Bei differenzierterer Betrachtung erschließen sich jedoch einige interessante Unterschiede (Gahleitner 2003).

Alle Missbrauchsopfer erleben die Übergriffe als prägend für ihr Leben – unabhängig davon, wie sie mit der Gewalterfahrung umgegangen sind. Männer neigen jedoch etwas mehr als Frauen dazu, die Erfahrungen zu verharmlosen, obgleich sich das Ausmaß der Folgen bei beiden Geschlechtern nicht unterscheidet.

Bereits im frühen Jugendalter neigen Mädchen eher zu Internalisierungen und Jungen eher zu Externalisierungen, eine Tendenz, die sich während der Adoleszenz noch verstärkt. Auch im Erwachsenenalter zeigen sich bei Frauen mehr psychosomatische Erscheinungen und autoaggressive Verhaltensweisen und bei Männern mehr aggressive Durchbrüche oder aber autoaggressive Tendenzen mit spektakulären Aktionen wie Drogenkonsum, Risikoverhalten und Ähnlichem.

So kommt es im Unterschied zu Frau Cirillo bei Herrn Belgard auch zu gewalttätigen Handlungen in politischen Zusammenhängen, die Herr Belgard heute selbst als aggressive Durchbrüche bezeichnet. Auch Herr Degan erinnert sich an Gewaltphantasien. Die drei Frauen berichten dagegen mehr von Lähmungserscheinungen, Essstörungen und Selbstverletzungen. Frau Albant und Frau Cirillo erzählen auch von erneuten Vergewaltigungssituationen und missbräuchlichen Partnerschaften. Allerdings hat Herr Belgard ebenfalls eine Vergewaltigung im Erwachsenenalter erlebt. Die gechlechtsspezifischen Muster werden also jeweils auch durchbrochen.

Herr Belgard beschreibt die Gewaltspirale, in die er durch seine radikalpolitische Aktivität geriet. Er reflektiert im Rückblick, wie es dazu kam, und kann heute sehen, wie sehr er selbst darunter litt.

> *„Also ich glaube, diese Gewalt, diese Gewaltsachen, die ich gemacht habe, die taten mir auch selber weh“*, berichtet er aus dieser Zeit. Er stellt auch Vermutungen an, dass er nicht der Einzige in der Szene war, der damit eigene Gewalterfahrungen ausagierte: *„... und jetzt weiß ich, dass halt einige da Gewalt oder sexualisierte Gewalt erfahren haben“*. Opfer- und Täterschaft liegen also häufig nahe beieinander (Heinerth 2004).

Aus dem psychosomatischen und autoaggresiven Leidensdruck bei Frauen kann zwar eher die Chance entstehen, das Missbrauchserlebnis biographisch „sinnstiftend“ zu verarbeiten. Allerdings besteht dabei auch die Gefahr, dass sie sich in der „Opferkarriere“ verfangen. Ohne auch aggressive Gefühle zuzulassen und Verantwortung zu übernehmen – nicht für das Geschehene, aber für ihr weiteres Leben – scheint Frauen eine ähnliche Stagnation zu drohen wie Männern, die in der Aggression und / oder Täterschaft verhaftet bleiben.

Erfolgt eine bewusste Auseinandersetzung, kann dagegen sowohl die aggressive als auch die autoaggressive Spirale durchbrochen werden. Dies erfordert eine emotionale und kognitive Arbeit an dem Trauma. Da Frauen in der Regel besseren Zugang zu ihren Gefühlen haben, Männer jedoch gewohnt sind, Probleme kognitiv anzugehen, wird hier eine geschlechtsübergreifende Integrationsleistung erforderlich.

So ist es für Männer an dieser Stelle wichtig, zu ihren Gefühlen zu finden und den Opferstatus anzuerkennen – *„es wird besser... wenn es... gelingt, Gefühle auszudrücken“* (Herr Degan) –, für Frauen hingegen, Stärke zu entwickeln und die Folgeerscheinungen „in den Griff zu bekommen“, damit der Missbrauch endlich *„kleiner wird“* (Frau Albant). Gelingt dieser

„Griff zur gegengeschlechtlichen Strategie", diese Überschreitung der Geschlechtsrollenstereotypen, kommt es häufig zu einer Verbesserung der Auswirkungen und zu einer abnehmenden Beschäftigung mit dem Trauma.

Ein Verharren in Geschlechtsrollenstereotypen scheint die Missbrauchsbewältigung für beide Geschlechter zu erschweren, Geschlechtsrollenflexibilität dagegen neue Verarbeitungsmöglichkeiten zu eröffnen. Dies bestätigen auch Ergebnisse aus der Geschlechter- und Gesundheitsforschung, in der die gleichzeitige Verfügbarkeit maskuliner und femininer Eigenschaften als besonders „gesund" angesehen wird (Bem 1975; Sieverding 1992).

1.3.3 „Erfolgreiche Bewältigung"

Aufgrund der pathogenetischen Orientierung und Opferzentrierung der sexuellen Gewaltforschung gerät die Leistung sexuell traumatisierter Frauen und Männer, ihr Leben zu meistern, leicht in Vergessenheit. Eine ressourcenorientierte Perspektive, die die Beeinträchtigungen anerkennt, Betroffene jedoch nicht allein auf den Opferstatus reduziert, rückt dagegen deren Potenziale ins Zentrum der Aufmerksamkeit. Diese salutogenetische Orientierung wurde erstmals von Antonovsky (1979) formuliert. Nach seiner Ansicht sind Stressoren im menschlichen Leben stets präsent. Dennoch kommen viele Menschen mit einer hohen Stressorbelastung zurecht. „Das ist das Geheimnis, was die salutogenetische Orientierung zu enträtseln versucht" (Antonovsky 1997, 16).

Als Mediatoren der Stressverarbeitung betrachtet Antonovsky Ich-Stärke, Widerstandsressourcen, Flexibilität und soziale Unterstützung. Der als Kernfaktor von ihm herausgearbeitete „sense of coherence" beinhaltet das Vertrauen, Situationen einordnen zu können und über die entsprechenden Ressourcen zu verfügen, den damit einhergehenden Anforderungen zu entsprechen. Die salutogenetische Orientierung bietet Einsichten in Aspekte der Bewältigung, die bei der reinen Suche nach Defiziten häufig verloren gehen.

Wie jedoch kann man nach der Erfahrung sexueller Gewalt, trotz des Eingriffs in die Integrität und der Erschütterung der Fundamente des Selbst, erneut ein Vertrauen entwickeln, dass Situationen „vorhersehbar und erklärbar" (Antonovsky 1997, 36) sind und man über Ressourcen verfügt, den damit einhergehenden Anforderungen zu entsprechen? Wie ist es möglich, zwischen diesen beiden extremen Polen wieder eine Verbindung herzustellen?

Im Bereich der Psychotherapie und Beratung ist über „erfolgreiche Bewältigung" viel nachgedacht, diskutiert und geschrieben worden (s. Kapitel 4). Die Überlegungen dazu lassen sich im Wesentlichen in einem Drei-Phasen-Modell zusammenfassen:

1. Stabilisierung und Ressourcenerschließung,
2. Auseinandersetzung mit dem Trauma,
3. Neuorientierung.

Die Ausgangsbedingung für einen gelungenen Verarbeitungsprozess ist ein Mindestmaß an relativer Sicherheit. Interpersonelle Sicherheit ist dabei die Voraussetzung für einen Neuaufbau der erschütterten intrapersonellen Selbstsicherheit und für geplantes, zielgerichtetes Handeln. Auf dieser Basis kann zunächst als Grundlage für weitere Schritte eine Stabilisierung der physiologischen und psychologischen Reaktionen und eine Erschließung sozialer Ressourcen erfolgen. Ohne eine tragfähige Beziehung – in sozialer Isolation und ausschließlich aus eigener Kraft – ist eine Überwindung des Misstrauens gegenüber sich und der Welt und eine Annäherung an die eigene zerrüttete Identität nach einer schweren Traumatisierung nahezu unmöglich (s. Kapitel 3 und 4).

In der Auseinandersetzung mit der Gewalterfahrung und ihrer Transformation geht es um den behutsamen Versuch, traumatische Erinnerungen zuzulassen, ohne von den begleitenden Gefühlen überwältigt zu werden. Mit der kontrollierten Rekonstruktion des Traumas und dem Verständnis, wie die vergangene Erfahrung auf die momentanen Gefühle und Verhaltensweisen wirkt, kann das Kontrollvermögen Schritt für Schritt zurückgewonnen, ein differenzierterer Umgang mit Symptomen erarbeitet und das Trauma eingeordnet werden. Es ist ein langer und mühsamer Weg, destruktive Schemata zu erkennen und umzustrukturieren, eigene Erfahrungen wieder zu besitzen und zu meistern und aus dem impliziten Traumagedächtnis ein explizites, autobiographisches Gedächtnis zu machen. Die Integration des Unannehmbaren in das Selbstkonzept kann jedoch eine Restrukturierung von Gefühlen und Kognitionen ermöglichen.

Nach einer ausreichenden Bearbeitung des Traumas kann eine Wiederannäherung an die Umwelt stattfinden. Unter neuen Bedingungen ist für Überlebende von Gewalteinwirkungen nun eine Neuorientierung und ein Sichbesinnen auf die individuellen Möglichkeiten und Grenzen in der Gegenwart wichtig. Die Verantwortung für das eigene Leben zu übernehmen und neue Perspektiven zu erschließen, „reif werden zum Leben" (Wirtz 1990, 217) –, dies werden zentrale Aufgaben. Betroffene müssen sich jetzt von ihrer Opferrolle distanzieren und sich eine neue Identität aufbauen, in der der Missbrauch weniger zentral ist. Eine Annahme des Traumas und der damit verbundenen Veränderungen ermöglicht eine Annäherung an die eigenen Fähigkeiten und Möglichkeiten und eine Zuwendung zu aktuellen Lebens- und Alltagsthemen (Gahleitner 2003, 35f).

Resümee

Abschließend lässt sich feststellen, dass frühe Traumatisierung im sozialen Nahraum generell eine andauernde erhöhte Verwundbarkeit hinterlässt, der konkrete Umgang damit jedoch immer auch spezifischen Umständen und individueller Ausgestaltung unterliegt. Für viele Männer und Frauen gehört es zur Lebensgeschichte, als Kind im sozialen Nahraum sexuell missbraucht worden zu sein. Bei einem großen Teil handelt es sich um schwere und fortgesetzte Übergriffe, die im weiteren Lebensverlauf zu erheblichen Schädigungen führen und ein hohes Ausmaß von Bewältigungsanforderungen an die Betroffenen stellen.

Die zahlreichen in Kapitel 1.2 beschriebenen Auswirkungen sexueller Gewalteinwirkung sind als Konsequenz traumatischer Ereignisse wie auch als Versuche zu verstehen, das traumatische Ereignis möglichst gut zu verarbeiten. Sie verraten daher bereits viel über die Bewältigungsformen der Missbrauchsopfer. Als Wiederholungen, Retraumatisierungen und Körpererinnerungen verselbstständigen sie sich zu destruktiven Mechanismen, stellen jedoch letztlich die Kehrseite der Strategien dar, die den Betroffenen das Überleben und damit den zunächst wichtigsten Anteil der Bewältigung ermöglichen. Sie sind Selbstheilungsversuche, Anpassungsleistungen, Konfliktlösungsversuche, Kommunikationsversuche und Signale und damit bereits Coping. Dies gilt insbesondere für langfristige Folgeerscheinungen. Bei aller scheinbaren Absurdität und Dysfunktionalität stehen sie im Dienst der Entwicklung des Kindes.

Bewältigungsmodelle und Überlegungen zum Bewältigungsprozess besitzen Relevanz für manche der Betroffenen, andere jedoch können sich darin überhaupt nicht wieder finden. Andererseits gibt es Themen und Abschnitte, die bei den meisten Betroffenen irgendwann im Bewältigungsprozess auftauchen. Als moderierende Variablen in diesem Geschehen wirken neben den zahlreichen in Kapitel 1.3 angesprochenen Faktoren auch geschlechtsspezifische Aspekte, die in bisherigen Überlegungen und Modellen noch kaum berücksichtigt sind.

Der Umgang mit Traumata und schwierigen Lebensbedingungen ist infolgedessen zu einem gewissen Teil abhängig von den individuellen Bewältigungsstrategien, über die jemand verfügt. Diese für psychotherapeutische Bemühungen bedeutsame ressourcenorientierte Perspektive soll jedoch die Verantwortung – wie bereits eingangs erwähnt – in keiner Weise den Opfern selbst zuschreiben. Sie haben die Gewalthandlungen nicht selbst verschuldet. Die „Gefahr der Mythenbildung" einer traumaresistenten, unverwundbaren Persönlichkeit kann leicht eine Verantwortungsübergabe an das „Individuum als seines Glückes Schmied" bedingen.

Traumata bedingen in jedem Falle eine schwere Erschütterung der Identität. Traumaopfer waren gegenüber den Tätern und Täterinnen absoluter

Hilflosigkeit ausgesetzt. In der Regel gelingt es Opfern nicht, sich am eigenen Schopf aus dem Sumpf der Auswirkungen zu ziehen, sondern sie sind in der Verarbeitung des Geschehenen existenziell auf die Unterstützung anderer angewiesen.

2 Sexuelle Traumatisierung und Beziehung

„Niemals wahr- und angenommen als die Kinder, die sie eigentlich waren, ersetzte das Benutzen ihres Körpers die Nähe, die sie eigentlich gebraucht hätten." (Herr Degan)

2.1 Bindung und sexuelles Trauma

Beim Studium von Lebensläufen psychisch schwer beeinträchtigter Kinder und Jugendlicher in der kinderpsychiatrischen Abteilung der Londoner Tavistock-Klinik stieß der englische Psychoanalytiker John Bowlby immer wieder auf extreme frühkindliche Traumata. Er erkannte, dass diese in ihren Auswirkungen auf die Entwicklung ihrer Persönlichkeit sehr bedeutungsvoll waren. Im Gegensatz zum damals vorherrschenden Mainstream der psychoanalytischen Theoriebildung hielt er die von den Kindern berichteten Erfahrungen nicht für Phantasien. Bei der Suche nach den Ursachen stieß er auf vielfältige Verluste und Trennungen im Lebensverlauf der Kinder. Diese rückten immer weiter in den Vordergrund seines Interesses (Brisch 1999).

Auf der Grundlage dieser klinischen Erfahrungen entwickelte er Mitte des letzten Jahrhunderts die Bindungstheorie (Bowlby 1969/1975, 1975/1976, 1980/1983). Darin vertritt er die Auffassung, dass Kinder aufgrund einer evolutiv vorgegebenen Bindungsneigung, insbesondere in Gefahrensituationen, die Nähe vertrauter Personen aufsuchen. Er geht davon aus, dass diese frühen Bindungen Kindern als sichere Basis und Grundstruktur für die weitere Entwicklung dienen und sich entscheidend auf den weiteren Lebensverlauf auswirken. Die Bindungstheorie verbindet damit ethologisches, entwicklungspsychologisches, systemisches und psychoanalytisches Denken und betrachtet die Bezugsperson und den Säugling als aktive Interaktionsteilnehmer (Brisch 1999).

Die ersten fünf bis sechs Monate im Kontakt mit der primären Bindungsperson legen nach Bowlby eine entscheidende Grundlage. Bis mindestens zum dritten Lebensjahr ist das Kind auf eine primäre Bindungsperson und dauernde Rückversicherungen durch sie elementar angewiesen. Dabei spielen sowohl Blickkontakte, insbesondere aber Körperkontakte eine entscheidende Rolle. Danach entwickelt sich die Fähigkeit, diese kontinuierliche Beziehung auch in Abwesenheit der primären Bindungsperson aufrechtzuerhalten. Allerdings können selbst kurze Unterbrechungen zunächst nur unter günstigen Umständen bewältigt werden. Erst im Alter von sieben oder acht Jahren kann die Bindung eventuelle Kontaktabbrüche von einen Jahr oder länger verkraften. Entstehen mehrere Bindungsbeziehungen, entwickelt sich eine Rangordnung, an deren Spitze sich die primäre Bezugsperson befindet.

Aus den Erfahrungen, die der Säugling mit seinen Betreuungspersonen macht, resultiert ein Gefühl der Gebundenheit, das verschiedene Qualitäten annehmen kann. Ausschlaggebend für das Gelingen einer sicheren Bindung ist die Zugänglichkeit beziehungsweise Verfügbarkeit der Bezugsperson im Hinblick auf die Bedürfnisse und Signale des Kindes. Um eine stabile Bindung möglich zu machen, müssen Pflegepersonen die Bedürfnisse der Säuglinge und Kinder in einer „feinfühligen Weise" beantworten. Dies bedeutet, dass die Signale des Kindes richtig wahrgenommen und interpretiert werden und dass die Pflegeperson prompt und angemessen darauf reagiert (Ainsworth/Wittig 1969).

Verhält sich die zentrale Bindungsperson gegenüber dem Säugling „feinfühlig", entwickelt er eine sichere Bindung an diese Person. Reagiert die Bezugsperson jedoch mit Ablehnung auf seine Bindungsbedürfnisse, ist die Wahrscheinlichkeit hoch, dass beim Säugling eine unsicher-vermeidende Bindung entsteht. Beantwortet die Bindungsperson die Signale manchmal zuverlässig und feinfühlig, aber auch häufig mit Zurückweisung und Ablehnung, entwickelt sich eine unsicher-ambivalente Bindung.

In die Bindungsbeziehung gehen damit alle Gefühle, Erwartungen und Verhaltensweisen ein, die ein Kind aufgrund der Erfahrungen mit den zentralen Bezugspersonen gemacht hat. Das Verhaltensmuster sicher gebundener Kinder spiegelt wider, dass die Kinder darauf vertrauen, Trost bei der Betreuungsperson zu finden. Das unsicher-vermeidende Muster zeigt sich bei Kindern, die nicht auf die Verfügbarkeit der Betreuungsperson vertrauen. Unsicher-ambivalent gebundene Kinder versuchen, sich die Aufmerksamkeit der Betreuungsperson zu sichern, derer sie sich eigentlich nicht sicher sein können (Endres/Hauser 2002).

2.1.1 Bindung in ihrer Bedeutung für die weitere Entwicklung

In Situationen von Verunsicherung und Angst wird das Bindungsverhalten aktiviert und strebt nach Nähe zur Fürsorgeperson und damit nach emotionaler Sicherheit. Auf der Basis einer stabilen Bindung ist es daher für den Säugling möglich, die Welt zu erkunden. Die Abwesenheit einer stabilen Bindungsfigur hingegen behindert eine angemessene Exploration und damit eine gesunde Entwicklung emotionaler, kognitiver und sozialer Fähigkeiten. Damit wird die sichere emotionale Bindung einer der zentralsten Schutzfaktoren für „die seelische Gesundheit und die Charakterentwicklung" (Bowlby 1953/2001, 11).

Kinder entdecken bald, dass es ähnliche Gefühle bei ihren Bezugspersonen gibt, die sie auch in sich selbst wahrnehmen, und dass sie diese Erfahrungen mit anderen teilen können. Positive Eltern-Kind-Interaktionsmuster bilden nach Bowlby so die Grundlage für die Entwicklung funktioneller innerer Arbeitsmodelle. Sie ermöglichen ein stabiles Bindungssystem, die Regulation von Gedanken und Gefühlen und dienen als Matrix für adäquate Kognitions-, Emotions- und Verhaltensschemata. Stern (1992) nennt diese Schemata „generalisierte Interaktionsrepräsentationen" („Representations of Interactions that have been Generalized: RIGs").

Diese Beobachtungen finden auch eine Entsprechung auf physiologischer Ebene. Das Zentralnervensystem ist in den ersten Lebensjahren noch sehr formbar und muss in entscheidenden Entwicklungsphasen angemessen stimuliert werden, damit es später funktionieren kann. Kindliche Entwicklung und Reifung des Gehirns gehen dabei Hand in Hand. Aufgabe des Gehirns ist es, „ein inneres Abbild der äußeren Welt zu konstruieren, das gleichsam als Schablone dient, an der sich die weitere Entwicklung ausrichten kann" (van der Kolk 1999, 50). Das entstehende Raster, das zur weiteren Einordnung und Interpretation von Erfahrungen gebildet wird, hängt wesentlich von der Intensität und Ausrichtung der neuronalen Stimulation während der ersten Jahre ab.

Selbstempfindungen sind dabei bereits lange vor der sprachlichen Entwicklung vorhanden. Werden diese Sequenzen empathisch von der zentralen Bezugsperson unterstützt, werden sie im Laufe der Sprachentwicklung zunehmend mit Sprache gefüllt, kognitiv erfasst und damit kommunizierbar. Die Bindungserfahrungen werden so auch sprachlich bewusst integriert und können daher über einen gewissen Zeitraum „abgesprochen" und aufrechterhalten werden. Die emotionale Entwicklung ist insofern mit der kognitiven eng verknüpft (Grossmann, K. E. 2002).

Aus dieser Fähigkeit des Kindes, seine eigenen psychischen Befindlichkeiten mit denen seiner Bezugspersonen in Einklang zu bringen, entsteht mit der Zeit reflexive Kompetenz. Die Verfügbarkeit einer Bezugsperson mit hoher reflexiver Kompetenz in früher Kindheit bildet auch hier die Basis, auf der das Kind eine eigene reflexive Kompetenz entwickeln kann. Reflexive Kompetenz fördert nicht nur die Selbstreflexion, sondern ebenso die Unterscheidungsfähigkeit zwischen innerer und äußerer Wirklichkeit und bietet daher eine wichtige Basis für zwischenmenschliche Verständigung (Fonagy et al. 1995).

Im Laufe des Heranwachsens schließlich entwickeln sich aus den kindlichen Bindungsorganisationen so genannte Bindungsrepräsentationen, die sich in der lebenslangen Interaktion des Individuums mit seinem sozialen Umfeld stets weiterentwickeln. Angelehnt an die drei Bindungsqualitäten unterscheidet man folgende Bindungsrepräsentationen (Gloger-Tippelt 2001):

1. Personen mit guter, lebhafter Erinnerung an Kindheitserfahrungen, die offen und frei auch über widersprüchliche und unangenehme Erfahrungen sprechen können. Sie verfügen über ein autonomes, sicheres Bindungsmodell (entsprechend der sicheren Bindung bei Kindern).
2. Personen mit nur wenigen oder vagen Erinnerungen an Beziehungen in der Kindheit, welche entweder durch Idealisierung trotz erlebter Zurückweisung oder durch Abwertung gekennzeichnet sind. Sie zeigen einen unsicher-distanzierenden Bindungsstil (entsprechend der unsicher-vermeidenden Bindung bei Kindern).
3. Personen, die als Erwachsene emotionale Verwicklungen mit den Bezugspersonen aus ihrer Kindheit aufweisen. Sie sind durch ein präokkupiertes, verwickeltes Bindungsmodell charakterisiert (entsprechend der unsicher-ambivalenten Bindung bei Kindern).

Für autonom und sicher gebundene Erwachsene spielen Bindungsbeziehungen eine wichtige Rolle und bieten einen zentralen stabilisierenden Bezugspunkt für den Lebensalltag. Für unsicher-distanziert gebundene Personen spielen sie eine geringere Rolle. Hier wird die eigene Stärke und Unabhängigkeit betont. Die Gruppe der Personen mit einem verwickelten Bindungsstil hingegen überbewertet die häufig negativen Beziehungen zu den Eltern, erlebt sich jedoch andererseits als kaum von diesen abgegrenzt.

2.1.2 Bindungsentwicklung bei traumatisierten Kindern

Im Gegensatz zur Entstehung einer „sicheren Bindungsbasis" in den ersten Lebensjahren erlebt das Kind in der traumatischen Situation ein Paradoxon: Die Bindungsfigur, die den „sicheren Hafen" in Angstsituationen darstellen soll, wird selbst zur Quelle der Angst. Aufgrund der zentralen Bedeutung der Bindung für das Kind werden daher frühe angsterregende oder bedrohliche Situationen wie Misshandlung oder Missbrauch im sozialen Nahraum aus dem Bewusstsein vertrieben. Das Kind kann die widersprüchlichen Tendenzen – das elementare Bedürfnis, sich dem Elternteil zu nähern, und gleichzeitig, vor ihm die Flucht zu ergreifen – nicht auflösen.

Sexuelle Gewalt und Misshandlung an Kindern im sozialen Nahraum wird dabei als schwerste Form der Traumatisierung eingeschätzt. Geschieht sie in den ersten Lebensjahren, führt sie in der Regel zu erheblichen psychopathologischen Auswirkungen auf die Bindungssicherheit. Die besondere Problematik ergibt sich aus der Tatsache, dass sexuelle Übergriffe an dem vitalen Bedürfnis des Kindes nach Liebe und Zärtlichkeit ansetzen und das Vertrauen des Kindes dabei zutiefst missbrauchen. Meist bleibt der destruktive Bindungskontext bis zur Aufdeckung erhalten. „Missbrauchsfreie“ Familiensituationen wechseln mit Misshandlungssituationen, in denen der Täter oder die Täterin die Signale des Kindes zutiefst missachtet. Dies hinterlässt beim Kind einen unlösbaren Bindungskonflikt und eine kaum integrierbare innere Spannung (Brisch 2003).

> *„Also für mich war's häufig sehr schizophren“*, erinnert sich Frau Cirillo. *„Ich hab auf der einen Seite eine sehr schöne Kindheit gehabt, im Sinne von finanziell abgesichert und umsorgt sein... das war so typischer Mittelstand... und als einziges Kind hat sich denn auch viel um mich gedreht, wobei ich das immer wieder als schizophren empfunden habe“.*

Denn die Verwöhnung auf der einen Seite stand im Gegensatz zu der Missachtung zentraler kindlicher Bedürfnisse in Form der Missbrauchshandlungen und zu deren Leugnung im Alltag auf der anderen Seite.

Durch frühe Misshandlung kommt es häufig zu einer so genannten Angstbindung. Diese basiert auf mangelnder Bindungssicherheit und verursacht die verzweifelte Suche nach einer verlässlichen Bindungsperson. Es entwickelt sich ein Teufelskreis, der fatalerweise impliziert, dass solche Kinder häufig eine quantitativ stärkere, aber qualitativ schlechtere Bindung zu den misshandelnden Bezugspersonen zeigen als nicht misshandelte Kinder.

Die Menge und Stärke des Bindungsverhaltens ist daher nicht gleichzusetzen mit der psychischen Sicherheit, die daraus entsteht. Ein sicher gebundenes Kind kann auf die Bindung so stark vertrauen, dass das Bindungssystem normalerweise nur geringfügig aktiviert ist. Für misshandelte Kinder besteht dagegen dauernder „Feueralarm“ (Grossmann, K. 2002).

Eine natürliche Form der Abwehr in solchen Situationen stellt das „Erstarren“ dar. Dabei kommt es zu einer Abwehr der Gefühle und Gedanken, die sonst unerträgliche Ängste vor einem Bindungsverlust hervorrufen würden. Dieser Mechanismus, der vollkommen unbewusst verläuft, erweist sich zunächst als wichtiger Schutzfaktor. In der Folge jedoch kommt es häufig zum Zusammenbruch der Organisationssysteme und somit zu einem Zustand totaler Desorganisation. Die intensiven, ungefilterten Affekte und die damit verbundene Konfliktspannung führen auch zu einer mangelhaften Ausbildung der reflexiven Kompetenz. Dies hat ein Versagen der Integration von innerer und äußerer Wirklichkeit zur Folge (Fonagy 2003).

In jedem Fall führt eine frühe Abwehr entwicklungsrelevanter Informationen zu Entwicklungsschäden und zu einer Fehlregulation oder gar

Deaktivierung des Bindungssystems. Das abweisende, vernachlässigende oder misshandelnde Verhalten wird dabei häufig als normal und angemessen wahrgenommen, Sequenzen jedoch, welche die Bindungsperson als lieblos erscheinen lassen, werden abgewehrt. Dies geschieht besonders häufig bei Kindern, die eine Vielzahl von traumatischen Bindungssituationen erleben, jedoch keine Möglichkeit erhalten, bei einer anderen schützenden Person Beistand zu suchen und ihre Erlebnisse und Gefühle zu besprechen und zu validieren. So entstehen die bereits erwähnten Symptome wie Sprachstörungen, Wahrnehmungsverzerrungen und dissoziative Erscheinungen (s. Kapitel 1.2 und 1.3).

Frau Albant berichtet von den Spätfolgen der erlebten Gewalt: „*Diese ganze Paralyse sozusagen, die ich dann auch in diesen Situationen erlebt habe, hab ich im Traum... immer wieder erlebt... und dann habe ich jeden Morgen... von sechs bis elf Uhr... gekämpft mit diesem Zustand, um da raus zu kommen*".

Aufgrund dieser Erkenntnisse kam es zur Klassifikation eines weiteren Bindungsmusters, welches insbesondere nach früher Kindesmisshandlung und schweren Traumata beobachtet werden kann. Es wird als „desorganisiertes Bindungsmuster" bezeichnet und kann zusätzlich zur sicheren und unsicheren Bindung bestehen. Hierunter fallen Kinder, bei denen über bestimmte Phasen hinweg oder generell kein konsistentes Bindungsmuster beobachtet werden kann. Die Kinder zeigen beispielsweise stereotype Verhaltensweisen, erstarren mitten in einer bindungsrelevanten Situation oder wechseln chaotisch zwischen verschiedenen Bindungstypen. Man vermutet, dass sie häufig aktuell kein passendes Bindungsmuster für eine Situation zur Verfügung haben (Hesse/Main 2002).

Wenn Kinder bereits in den ersten Lebensjahren und über einen längeren Zeitraum traumatisierende Erfahrungen gemacht haben, entwickeln sie nicht nur eine desorganisierte Bindung, sondern eine massive Bindungsstörung. Dieser liegt eine schwerwiegende Fragmentierung bis Zerstörung des inneren Arbeitsmodells von Bindung zugrunde. Das Kind zeigt andere Verhaltens- und Überlebensstrategien, die oft den Bindungskontext überhaupt nicht mehr erkennen lassen. Dabei geht man von einem fließenden Übergang von noch gesunden hin zu pathologischen Bindungsmustern aus (Crittenden 1995).

Brisch (1999) unterscheidet übersteigertes, fehlendes, gehemmtes, aggressives und undifferenziertes Bindungsverhalten. Gerade besonders unauffälliges Verhalten kann ein wichtiges Warnsignal darstellen.

So berichtet Frau Egner über ihre Reaktion auf den frühen Missbrauch durch den Vater: „*In unserer Familie wurde immer vorge-*

> *spielt, es sei eine heile Welt und eine tolle Familie, und... ich war sehr anhänglich meiner Mutter gegenüber, ich hab meiner Mutter am Rockzipfel gehangen, wie man sich das stärker nicht vorstellen kann, und war ein ganz ganz liebes braves Mädchen, man brauchte überhaupt fast gar nichts sagen und ich hab immer alles schon genau so gemacht, wie es sein sollte, und meine Mutter war ganz begeistert, was für ein liebes Mädchen sie hat".*

Dabei kann es auch zu einer charakteristischen Rollenumkehr kommen, in der die Kinder stützende Funktionen für die misshandelnden Eltern übernehmen. Die Kinder werden hierbei von den misshandelnden Eltern als Elternersatz missbraucht und entwickeln infolgedessen einerseits eine Pseudopersönlichkeit mit versorgenden Anteilen und andererseits eine tiefe emotionale Retardierung und Bedürftigkeit.

So instrumentalisierte die Mutter von Herr Degan – langjährige Alkoholikerin und psychisch stark beeinträchtigt – ihren Sohn für die Befriedigung ihrer sexuellen Bedürfnisse und zur Stabilisierung ihrer psychopathologischen Zustände.

> *„Ich erinnere mich auf der einen Seite an heftige, schreckliche Gefühle... und auf der andern Seite habe ich funktioniert und ein falsches Ich hervorgezaubert. Also wirklich zwei Personen"*, berichtet er.

Der Preis dafür war eine unendliche Einsamkeit. Aus dieser Verzweiflung heraus, erinnert er sich, hat er die sexuellen Übergriffe sogar teilweise mit herbeigeführt, da sie die einzige Form von Nähe darstellten, die er zur Verfügung hatte.

Bei Erwachsenen spricht man in Anlehnung an den desorganisierten Bindungsstil bei Kindern von einem unverarbeiteten Bindungsstatus, der auch hier zusätzlich zu den drei Hauptkategorien vergeben wird. Wichtige Kennzeichen sind ängstliche oder irrationale Schilderungen früher Verluste von Bindungspersonen oder Traumata. Unverarbeitete Bindungsverluste von Eltern stehen dabei wiederum mit furchtsamem, widersprüchlichem oder stereotypem Verhalten ihrer desorganisierten Kinder eng im Zusammenhang. Bindungsstörungen der primären Bezugspersonen haben somit, wenn sie nicht aufgearbeitet werden können, negative Auswirkungen auf die Bindungsorganisation der eigenen Kinder und damit auf deren gesamten Entwicklungsverlauf (Main 2001).

2.2 Frühe Traumatisierung im Entwicklungskontext

Ein Trauma entfaltet seine Wirkung im Spannungsfeld subjektiver und objektiver Faktoren. Zu den subjektiven Faktoren gehört die kognitive, affektive, physische und soziale Entwicklung neben angeborenen oder erworbenen konstitutionellen Faktoren. Vor diesem Hintergrund erlebt das Kind die traumatogenen objektiven Faktoren. In der konkreten traumatischen Situation dekompensiert der psychische Apparat daher jeweils an einer individuellen „Sollbruchstelle" (Riedesser et al. 1999), die auf entwicklungstypische Verletzlichkeiten und individuelle Vorerfahrungen Bezug nimmt.

Jede folgende Entwicklungsstufe stellt das traumatisierte Kind daher vor neue Anforderungen, deren Wahrnehmung und Bewältigung durch die Geschichte der vorangegangenen Erfahrungen – wie durch ein Prisma „aktiv wirkender Biografie" (Röper/Noam 1999, 244) – geprägt sind. Die Traumafolgen führen also nicht nur zu unmittelbaren psychischen Störungen und Problematiken, sondern auch zu psychophysiologischen Veränderungen, die eine neue Situation für zukünftige individuelle und interpersonelle Verhaltensmuster und Bewältigungsmechanismen schaffen.

Das traumatische Erlebnis wird durch andauernde intrapsychische Umbau- und Umformungsprozesse ständig aktualisiert und modifiziert. Besonders in Stress- und Krisenzeiten kommt es durch regressive Aktivierungen zu einem Zugriff auf frühere Strukturen. Zum Verständnis der Bewältigung sexueller Gewalt ist daher bedeutsam, auf welchem Stand der bio-psycho-sozialen Entwicklung das Kind durch die traumatischen Außenfaktoren getroffen wurde, welche Entwicklungslinien dabei berührt und geschädigt wurden (Gahleitner 2003).

Entwicklungspsychopathologische Überlegungen bieten insofern einen wichtigen Referenzrahmen zum Verständnis der Traumabewältigung. Im Folgenden werden die potenziellen Veränderungen im Vergleich mit dem unbeeinträchtigten Entwicklungsverlauf dargestellt.

2.2.1 Frühkindliche Entwicklung

Wie soeben deutlich wurde, schafft eine gute Bindungsqualität zu den primären Bezugspersonen in der Entwicklung des Säuglings und Kleinkindes die ersten Orientierungspunkte für die weitere Entwicklung. Aufgabe der unmittelbaren Bezugspersonen ist nicht nur, Kinder vor belastenden Situationen und ihren Auswirkungen so gut wie möglich zu schützen, sondern ihnen auch die psychologischen wie physiologischen Voraussetzungen zur Bewältigung von Belastungssituationen zu schaffen.

Die wichtigste „Sollbruchstelle" traumatisierter Kinder ist daher die nicht vorhandene sichere Bindung. Im Gegensatz zur angemessenen Versorgung durch die primären Bezugspersonen ist das früh traumatisierte Kleinkind einer Überstimulation von überfordernden Reizen ausgesetzt. Im Falle der Misshandlung durch die eigenen Pflegepersonen potenziert sich die Problematik. Es ist nicht nur so, dass die primären Bindungspersonen dem Kind nicht aus der Überforderungssituation helfen – sie führen sie sogar selbst aktiv herbei. Daraus resultiert die Aktivierung sehr elementarer Vernichtungs- und Verlassenheitsängste und totaler Ohnmacht (Crittenden 1997).

Das Zusammenspiel von Erfahrung und Gehirn bahnt auch bei traumatisierten Kindern den Umgang mit zukünftigen Reizen und Anforderungen. Gefühle beispielsweise stellen ein entscheidendes Bindeglied dar, um inneres Erleben und äußere Ereignisse als wechselwirkend aufeinander beziehen und gestalten zu können. Kleine Kinder gewinnen erst im Verlauf der Entwicklung Distanz zu dem, was sie erleben, empfinden und tun. Ehe sie die Erfahrung differenzieren und über sie verfügen können, gehen sie in den Sinneswahrnehmungen auf – oder aber unter. Die Überwältigung durch affektive Extremzustände bewirkt daher gravierende Veränderungen in der Neurophysiologie und prägt die zukünftige Wahrnehmung der Realität und ihre Interpretation. Frühe und dauerhafte Übererregung formiert auf diesem Wege eine einseitig emotionsorientierte Stressverarbeitung, da die extremen Entwicklungsbedingungen keine anderen Lösungen zulassen (Spangler 2001).

Aus der traumatischen Überstimulierung entstehen komplexe Entwicklungsstörungen auf der physischen wie psychischen Ebene. Das in seiner körperlichen Integrität verletzte, emotional überforderte und desorganisiert gebundene Kind zeigt beispielsweise mangelnde Selbstregulation und Reizdiskrimination, Affektdysregulationen, (auto-)aggressive Verhaltensweisen und eine verzögerte Kognitions- und Sprachentwicklung. Stattdessen bildet es frühe Abwehrmechanismen aus wie dissoziative Fähigkeiten, überagiles oder apathisches und Vermeidungsverhalten. Zudem ist das Kind der ständigen Konfrontation mit „Triggern“ ausgesetzt, die das traumatische Erleben erneut aktualisieren, falls der Missbrauch nicht ohnehin andauert (van der Kolk 1999).

2.2.2 Kindheit

Kinder bringen natürlicherweise eine starke Motivation mit, Neuem zu begegnen und ihre sozialen Kompetenzen weiterzuentwickeln. Erfahrungen einer angemessenen Belastungsbalance wirken dabei als Entwicklungsmotor. Je mehr dem Entwicklungsstand angemessene Aufgaben gestellt werden, desto wahrscheinlicher wird das Kind später über Ressourcen verfügen, sie zu lösen. Auf dieser Basis fortgesetzter affektiver und kognitiver

Erfahrungen und Interaktionen unter der Begleitung zuverlässiger Versorgungspersonen kann die Entdeckung der Welt, ihrer grundsätzlichen Regeln und „Spielräume" stattfinden. Außenreize werden als stimulativ erlebt und gesucht.

Beginnen die Kinder mit autonomen Entwicklungsschritten in adäquat zur Verfügung gestellten Räumen, können weitere Aufgaben begonnen und Schritt für Schritt bis zur Adoleszenz gelöst werden: Dazu gehören die Ausformung der Identität und die Stabilisierung des Selbstwertgefühls, eine ausdifferenzierte Affektabstimmung, intellektuelle und moralische Entwicklungsschritte und die Integration in das weitere soziale Umfeld (Antonovsky 1997).

Während sich die Persönlichkeitsentwicklung also normalerweise durch den Zugewinn kognitiver und sozialer Fähigkeiten fortsetzt, ist das traumatisierte Kind mit der Regulation der Initialfolgen und dem Versuch der Einordnung des Missbrauchserlebnisses beschäftigt. Traumabezogene innere Schemata werden zu einem Teil des Selbst- und Weltbildes, an dem sich die zukünftigen Handlungen und Erwartungen orientieren. Außenreize werden daher von diesen Kindern häufig nicht als stimulativ, sondern angstbesetzt erlebt. Kompetenz kann so im Spiel nur schlecht erarbeitet werden. Stattdessen drängen die traumatischen Erfahrungen trotz der vorherrschenden vermeidenden Strategien in Spielsituationen ins Bewusstsein und führen zu Reinszenierungen.

Dadurch kommt es zu weiteren Entwicklungsverzögerungen. Häufig sind auch die sozialen Beziehungen durch die früh erworbenen Störungen von Bindung und Familiensystem beeinträchtigt. Dysfunktionale Bindungsmuster erschweren bereits an dieser Stelle die Unterstützung durch außen stehende Bezugspersonen oder professionelle Helfer/-innen. Regressive Rückfälle, wie Einnässen und Einkoten, Schwierigkeiten in der Affektabstimmung, Konzentrationsschwierigkeiten, Lethargie, psychosomatische Beschwerden und andere Folgeerscheinungen, lassen das Kind selbst an kleineren Entwicklungsanforderungen scheitern (Cole/Putnam 1992).

> Herr Belgard beschreibt anschaulich, wie sehr sein Leben als Kind von den Gewalthandlungen überschattet und bestimmt wurde: *„Als Kind, also ich war extrem dick in der Zeit, ich hab das auch mal nachvollzogen an Fotos… wo ich also wirklich aufgeschwemmt bin und todtraurig aussehe… also ich war lange sehr dick… ich hab, glaub ich, einfach so in mich reingefressen… ich hab halt immer dagesessen und hab die Stunden gezählt, die vorbeigingen. So. Also ich hab immer mich gefreut, wenn wieder ein Tag rum war und ja, wenn halt, also so, das war immer die Perspektive, dass es rumgeht, dass die Zeit rumgeht, auch ohne, ich hatte nie irgendwie 'ne Perspektive in die Zukunft… das war überhaupt gar nicht da, so was."*

2.2.3 Jugendalter

Im Jugendalter beginnt für alle Heranwachsenden eine bewegte und schwierige, andererseits jedoch auch chancenreiche Zeit. Frühere Erfahrungen werden stabilisiert, verstärkt, oder aber umgekehrt. Hier „kulminieren die Anforderungen an Individualisierungsprozesse", erfolgt ein „Zusammentreffen von Individuations- und Integrationsprozessen" und damit ein „hohes Stimulierungs- wie Belastungspotential" (Hurrelmann 1995, 35).

Die Peergroup gewinnt an Bedeutung, das Selbstbewusstsein wird durch wechselnde Stimmungen, neue Erfahrungen mit dem Körper und die Anforderung des Erwachsenwerdens und der Selbstständigkeit stark auf die Probe gestellt. Die Botschaften in dieser charakteristischen Umbruchssituation erweisen sich für Heranwachsende insbesondere in modernen Gesellschaften häufig als inkonsistent und widersprüchlich und machen es schwer, das Leben realitätsgerecht zu verstehen. Die Folge ist häufig ein Verlust der Orientierungslinie. Die Aufgabe, in dieser verwirrenden soziokulturellen Realität eine klar umrissene Persönlichkeit zu entwickeln, wird daher für viele Heranwachsende zu einer Hürde, wenn sie nicht über stabile Bindungsrepräsentanzen und bereits verinnerlichte Strukturen, andererseits jedoch auch ein angemessenes Maß an Flexibilität verfügen (Bürgin 1999).

Traumatisierte Jugendliche sind erst recht nicht in der Lage, „die Adoleszenz, die als eine Zeit zwischen Wiederholung und Neuschöpfung einen entwicklungsförderlichen Einfluss haben könnte, als ‚zweite Chance' für sich zu nutzen" (Streeck-Fischer 1999, 8). Das Jugendalter ist durch die beginnende Autonomieentwicklung für sie vielmehr ein Zeitpunkt des krisenhaften Ausagierens der erlittenen Traumata.

> Frau Egner erinnert sich nicht gerne an die aufbrechenden Wunden, die so lange unter ihrem sozial perfekt angepassten Verhalten verborgen waren: *„Da fing es an mit so einer sehr extremen Entwicklung… und ich kann darüber jetzt auch gar nicht so viel reden… das sind viele Jahre, schlechte Jahre"*.

Die Jugendlichen können sich erstmals klare Vorstellungen machen, was mit ihnen geschehen ist, wenn sich nicht bereits an früherer Stelle über dissoziative Mechanismen eine Erinnerungslücke entwickelt hat. Massive Schuld- und Schamgefühle führen oft zu schweren Problemen in der Identitätsentwicklung. Verschiedenste Folgeerscheinungen wie Essstörungen, Schlafstörungen, Unruhezustände, Schwierigkeiten mit Sexualität und Freundschaften etc. stehen dem Wachstum im Wege. Natürliche Entwicklungsaufgaben des Jugendalters wie der Bezug zum eigenen Körper, zur

Sexualität, zu freundschaftlichen und intimen Annäherungen an andere Jugendliche werden dadurch nachhaltig beeinträchtigt. Dies führt in der Regel zu weiteren Bemühungen, Erinnerungen an die erlittenen Traumata zu vermeiden. Der Wunsch, alles ungeschehen zu machen und es anderen gleichzutun, und die Unfähigkeit, diesen Wunsch zu erfüllen, stürzt Heranwachsende zusätzlich in Depressionen, Selbstverletzungen, Suizidgedanken, Pessimismus und Ängste und insbesondere Jungen auch häufig in Delinquenz (Fegert 1990).

> Frau Cirillo berichtet aus dieser Zeit voller Verzweiflung, Selbstverletzung und Klinikaufenthalte: *„Ich hatte eine Jugend mit sehr vielen Depressionen und mit mehreren Suizidversuchen, wo lange Zeit nicht klar war, wo das eigentlich herkommt… immer wieder war die Diagnose: Adoleszenzkrise… dann stand auch mal Borderline-Syndrom im Raum… und ich bin damals auch nur da rausgekommen, weil ich mich dann angepasst habe"*.

2.2.4 Erwachsenenalter

Die frühe Erwachsenenzeit unterliegt häufig einer Tendenz, die Dinge zusammenzufügen. Unter förderlichen Bedingungen haben Erwachsene etwa gegen Ende der ersten Dekade des Erwachsenenalters eine gewisse Stabilität erreicht. Dennoch wird dieses Gleichgewicht immer wieder neu herausgefordert. Stressoren sind in der menschlichen Existenz allgegenwärtig. Belastungssituationen können dabei immer wieder Situationen der Vergangenheit aktivieren. Stabilität im Umgang mit diesen Stressoren wird dabei nicht nur durch Festigkeit, sondern auch durch Fähigkeiten wie Komplexität, Flexibilität und Dynamik bewahrt (Antonovsky 1997).

Traumatische Erfahrungen haben Auswirkungen auf alle Altersstufen, nicht nur auf die Kindheit. Frühkindliche Belastungen oder Störungen können durch spätere positive Erfahrungen zwar zuweilen ausgeglichen beziehungsweise korrigiert werden, häufig kommt es jedoch durch weitere unlösbare Entwicklungsanforderungen und schädigende Einflüsse zu kumulativen Traumatisierungen (Keilson 1979).

> Herr Degan beschreibt anschaulich, wie daraus mit der Zeit ein Gefühl entsteht, auf der ganzen Linie versagt zu haben: *„Während andere ihre Existenz gegründet haben…, sind Sie noch damit beschäftigt, wer bin ich, wo kann's langgehen, hab ich überhaupt eine Existenzberechtigung… was passiert hier eigentlich seit Jahren mit dir… wie ist dein Leben, wie hat das ausgesehen?"*.

Andererseits entsteht nach ausreichendem zeitlichen Abstand und der Bewältigung der zentralen Entwicklungsaufgaben der Kindheit und Jugend häufig jetzt erstmals die Chance, sich der Traumatisierung zu stellen und sie mit sozialer oder professioneller Unterstützung aufzuarbeiten, wie an den Fallbeispielen in Kapitel 3.2 deutlich werden wird. Diesen sekundären Erwerb von Bindungssicherheit durch beispielsweise therapeutische Bearbeitung traumatischer Kindheitserfahrungen bezeichnet man als „earned secure", „verdiente Bindungssicherheit" (Grossmann/Grossmann 2001).

Gibt es hierfür jedoch keine Möglichkeit, bleibt das Risiko einer Verschlechterung oder eines plötzlichen Ausbrechens posttraumatischer Symptomatik bis ins hohe Alter und vereinzelt auch trotz jahrzehntelanger „gelungener" Bewältigung bestehen. Der üblicherweise einsetzende Lebensrückblick im Alter und der Versuch, Erfahrungen zu integrieren, macht unbewältigte Traumata für alternde Menschen zu einer schwierigen Entwicklungsaufgabe, für die ihnen häufig vom psychosozialen Versorgungssystem keinerlei Unterstützung zur Seite gestellt wird (Gahleitner 2004a).

2.3 Soziales Umfeld als Schutz- und Risikofaktor

Schutz- und Risikofaktoren haben einen großen Einfluss auf die Symptomentwicklung und den Bewältigungsprozess frühkindlicher Traumata: Schutzfaktoren und Widerstandskraft (Resilienz) wirken stabilisierend in der Verarbeitung der Erfahrungen, destabilisierend hingegen sind Risikofaktoren und Verwundbarkeit (Vulnerabilität) (Cicchetti 1999). Beim Zusammenwirken mehrerer Risikofaktoren potenziert sich die Wahrscheinlichkeit des Auftretens von psychischen Störungen. Umgekehrt können viele protektive Faktoren und ausgeprägte Resilienz die Verarbeitung traumatischer Situationen extrem begünstigen.

Als moderierende Faktoren für die Folgeerscheinungen werden beispielsweise die bereits in Kapitel 1.2 genannten Tatumstände angesehen. Daneben gelten Intelligenz, kognitive Fähigkeiten, Auseinandersetzungsfähigkeit und aktives und kontaktfreudiges Temperament als protektive und widerstandssteigernde Faktoren. Allgemeine Risikofaktoren im Kontext mit Gewalt und Missbrauch sind dagegen häufige Abwesenheit der primären Bezugsperson in den ersten Lebensjahren, unsicheres Bindungsverhalten, chronische Disharmonie, anderweitige psychische Störungen oder schwere körperliche Erkrankungen der primären Versorgungspersonen und einige sozioökonomische Faktoren (Egle/Hoffmann 2000).

Vor allem jedoch gibt es Hinweise auf den positiven Einfluss sozialer Unterstützung als Schutzfaktor in der Bewältigung sexueller Traumatisierung. Das Gleiche gilt für das Fehlen sozialer Einbettung als Risikofaktor (Gahleitner 2003, 30f).

2.3.1 Soziale Unterstützung als Schutzfaktor während und nach dem Trauma

Soziale Unterstützung in ihrer schützenden Funktion nach sexueller Gewalterfahrung kann von zwei Seiten aus betrachtet werden: einerseits als bereitgestellte Hilfestellung und Ressource und damit Schutzfaktor gegen die traumatisierenden Einflüsse selbst und andererseits als Unterstützungsfaktor bei der Bewältigung des erfahrenen Traumas.

Zur sozialen Unterstützung in der Funktion als Schutzfaktor zählen insbesondere die soeben ausgeführten frühen positiven Bindungserfahrungen. Die Bindungserfahrungen werden dabei als Kernbereich eines komplexen Systems von vorhandenen Beziehungen verstanden. Vorhandene sichere Bindungen ermöglichen einen direkten Risikopuffer gegen negative Einwirkungen jedweder Art. Werden die elementaren Bedürfnisse erfüllt und die Entwicklungschancen des Kindes „gut genug" gefördert, entwickelt sich ein Kind natürlicherweise hin zu Stabilität, Widerstandsfähigkeit und sozialer Kompetenz. Dies alles hilft, gegen traumatische Einflüsse besser gewappnet zu sein.

So führt Frau Albant die Möglichkeit, die sexuelle Gewalterfahrung heute so erfolgreich integriert zu haben, in erster Linie auf die Unterstützung zurück, die sie im Verlauf ihres Lebens immer wieder für sich aktivieren konnte. Diese Fähigkeit hat ihre Ursache in Frau Albants Augen eindeutig in der positiven Bindung zu ihrer Großmutter, bei der sie in den ersten Lebensjahren aufgewachsen ist:

> *„Oma… hat in mir eine positive Bindung gelegt… das war ein sehr warmer Ort für mich, die Welt meiner Eltern war sehr viel kälter".*

Die Bindungstheorie gibt damit nicht nur Antworten auf Fragen zu frühen Schutzfaktoren. Ereignisse, die nicht auf Anhieb bewältigt werden können, lösen in jedem Alter „den Wunsch nach Schutz und Fürsorge, d.h. Bindungsverhalten, aus" (Grossmann, K. 2002, 55). Während kritischer Lebensphasen wie Schwangerschaften, Geburt, Verliebtheit, Trennung und Tod treten beispielsweise immer wieder Gefühle auf, die alte erfahrene Bindungsbeziehungen aktualisieren.

> Auch dafür gibt Frau Albant ein gutes Beispiel: *„Das ist auch interessant… die Kernaussage meiner Großmutter war: ‚Du bist mein Sonnenschein', und in Liebesbeziehungen taucht das dann urplötzlich wieder auf".*

Sichere Bindungserfahrungen nehmen also sowohl Einfluss auf die momentane Situation als auch auf den gesamten Lebensverlauf bis hin zu der

Formung von Voraussetzungen für die Einwirkungsmöglichkeiten späterer sozialer und professioneller Unterstützung.

> So sagt Frau Albant weiter: „*Das war ganz wichtig... dass ich persönliche Unterstützung organisieren konnte... also ich denke, dass das jeder Mensch braucht. Und ich glaube, dass meine Großmutter da gute Grundlagen gelegt hat, so dass ich mir später auch Hilfe organisier'n konnte*".

Soziale Verhaltensmuster hängen somit neben den besonderen und individuell geprägten Umständen zu einem gewichtigen Teil von den Erfahrungen ab, die eine Person mit Bindungspersonen in ihrem Leben gemacht hat. Dabei kann von einem lebenslangen Lernprozess ausgegangen werden, der zwar in der frühen Kindheit beginnt, jedoch nie abgeschlossen und daher auch nicht unveränderlich ist (Vaughn et al. 2001).

So kann ein Kind zu verschiedenen Bezugspersonen unterschiedliche Bindungsmuster entwickeln, wie bei Frau Albant deutlich wird. Für jede einzelne Bezugsperson werden dabei eigenständige und unterschiedliche Arbeitsmodelle entwickelt. Diese existieren zunächst nebeneinander und werden erst im Verlauf der weiteren Entwicklung integriert und organisiert (Steele et al. 1996). Frau Albant beispielsweise beschreibt ihre Bindung zur Großmutter als eindeutig und sicher, die Bindung zur Mutter als eher untergeordnet und vermeidend und zum Vater und Täter in weiten Teilen als desorganisiert.

Dieser Sachverhalt hat eine große Bedeutung für das Konzept so genannter „schützender Inselerfahrungen" für frühe Traumaopfer: Das Bestehen nur einer einzigen förderlichen Bindung kann trotz sonstigem Vorherrschen negativer Erfahrungen einen bedeutsamen Schutzfaktor für den gesamten Lebensverlauf darstellen, wie es bei Frau Albant anschaulich wird. Dies stellt eine wichtige Tatsache für therapeutische Bemühungen dar, auf die Stabilität und Bewältigungsmöglichkeiten von Klienten und Klientinnen einzuwirken (s. Kapitel 4).

> Bei Frau Albant knüpft die Erfahrung in der Therapie so unmittelbar an die frühen positiven Erfahrungen mit der Großmutter an: „*Ich kann mich erinnern, wie... auf dieser Ebene von meiner Großmutter, sie so 'ne Beziehung hergestellt hat. Das hab ich noch gemerkt, so professionell, wie ich irgendwie verbildet bin (lacht)... ich hab einfach nur gemerkt, aha, jetzt baut sie sozusagen die Brücke zwischen diesen Beziehungen, is' aber auch gut so gewesen*".

Im weiteren Bewältigungsprozess spielt die „posttraumatische Umgebung" daher eine entscheidende Rolle. Traumatische Situationen, insbesondere frühe Gewalterfahrungen im sozialen Nahraum, sind geprägt von Schweigen und Isolation. Adäquate sofortige und andauernde Unterstützung durch Eltern und / oder professionelle Helfer / -innen kann die Schäden daher beträchtlich reduzieren.

> „Erst …, wenn Betroffene glaubhaft erfahren, dass sexuelle Gewalt nicht auf schweigende Duldung stößt, dass sie das Recht haben und … darin unterstützt werden, sich zur Wehr zu setzen und sich Hilfe zu holen, können sie sich vorstellen, dass es wirklich Auswege gibt" (Roth 1997, 102).

Jede Erfahrung, sei es durch Außenstehende, sei es durch spätere Partner- und Freundschaften sowie durch eigene Fürsorglichkeit gegenüber anderen, spielt eine wichtige Rolle – sowohl in positiver wie in negativer Hinsicht. Für beides gibt Frau Albant Beispiele. Während der Pfarrer sie bei einem Aufdeckungsversuch an die Familie zurückverweist und das Tabusystem damit bekräftigt, wirkt sich während der Zeit der Übergriffe der Kontakt zu anderen männlichen Bezugspersonen, die sich fürsorglich und fördernd ihr gegenüber verhalten, sehr positiv aus:

> *„Ja Lehrer, ja grad männliche Lehrer waren auch wichtig für mich immer wieder, also mein Realschullehrer war später auch ganz wichtig. Ich hab mir oft Vaterfiguren gesucht … auch mein Gitarrenlehrer dann später … waren auch menschliche Beziehungen, die wichtig waren".*

Erfüllte Beziehungen und ein funktionierendes soziales Umfeld machen überdies auch erst ein Wohlbefinden in wichtigen anderen Lebensbereichen wie Arbeit und Freizeit möglich. Beziehungen sind zwar nicht der einzige wichtige Faktor im Leben, aber soziale Isolierung wirft einen großen Schatten über weite Lebensbereiche. Auch diese Erkenntnisse spiegeln sich in physiologischen Körperreaktionen wider. Die Abwesenheit von schützenden und fürsorglichen Beziehungen verursacht selbst bei kleinen Belastungen bereits physiologischen Stress (Grossmann, K. 2002).

2.3.2 Fehlende soziale Einbettung als Risikofaktor

Sind positive Bindungserfahrungen nicht vorhanden, wird das soziale Umfeld postwendend zum stärksten Risikofaktor für die weitere Entwicklung. Die Bindungsstörung wird dann nicht nur zu einer Gefahr, sexuell ausgebeutet zu werden, sondern ebenso, bei sexueller Ausbeutung schwerwiegendere Folgeerscheinungen zu erleiden als sicher gebundene Kinder.

Von der Angstspirale der Angstbindung war bereits die Rede (s. Kapitel 2.1.2). Dieser Teufelskreis findet eine Fortsetzung in der negativ orientierten sozialen Einbettung im späteren Lebensverlauf. Misshandelte Kinder werden misstrauische und aggressive Erwachsene und dadurch einerseits von anderen Menschen isoliert und stigmatisiert, andererseits verweigern sie sich selbst Kontaktmöglichkeiten. Trotz des Rückzugsverhaltens haben sie jedoch ein großes Anlehnungsbedürfnis.

So schildert Herr Degan trotz seiner Isolierungstendenzen als einen seiner innigsten Wünsche: einen stabilen Freundeskreis aufzubauen, offene, ungezwungene Beziehungen, die stützen, ohne Tabuisierungen.

> Er habe „*ein ganz starkes Bedürfnis nach offenen Gesprächen, also... nicht dauernd 'ne Psychositzung... einfach: Was fühlst du, was fühl ich, was ist deine Lebenserfahrung, was ist meine Lebenserfahrung, was möchtest du, wie möchtest du leben, was kann man gemeinsam machen; dass man austauscht... akzeptiert werden...*“.

Dieser Wunsch hat sich bis heute für ihn jedoch nicht erfüllt. Als Grund nennt er selbst die frühkindlichen Spaltungsprozesse, die wahre Gefühle und Aufrichtigkeit zunichte machten und Fassaden errichteten:

> „*Ich kann keine Freunde finden, werde keinen Menschen lieben können oder geliebt werden können, wenn ich mich verstelle. Das kann nur dann passieren, wenn ich mich als der gebe, der ich bin. Und das ist sehr, sehr schwer*“.

Durch die Erschütterung ihres Vertrauens fehlt Gewaltopfern zusätzlich auch häufig der Bezugsrahmen, in dem sich tragfähige Beziehungen entwickeln können. Die mit dem Trauma verbundenen Gefühle werden immer wieder auf intra- und interpersonaler Ebene wiedererlebt, da sie keine andere Zuordnung in der Informationsverarbeitung finden. Wenn beispielsweise Hilflosigkeit und Ohnmacht über einen langen Zeitraum hinweg erfahren wurden, erweisen sich auch spätere Beziehungen als von Dominanz und Unterwerfung geprägt. So kommt es zu den bereits in Kapitel 1.2 genannten Beziehungsstörungen sowie Täter- und Opferfixierungen (Jehu 1992).

> Auch dafür gibt Herr Degan, voller Hassgefühle auf seine Mutter, deren Sadismus seine Sexualität bereits frühzeitig in perverse Bahnen lenkte, ein Beispiel: „*Ich hab ja immer nur diese schrägen Nummern gemacht, ja, möglichst wenig Berührung auch. Möglichst anonym. Möglichst entwürdigend... fette Säufer*“. Heute erfüllt ihn dieses Verhalten mit Scham und Verzweiflung. Sich aus den Mustern zu befreien, schildert er als nahezu unmöglich.

Eine schlechte Bindungsorganisation stellt auch einen Risikofaktor für die Entwicklung psychopathologischer Symptome dar: Dies betrifft im Besonderen die Borderline-Persönlichkeitsstörung, jedoch ebenso andere psychosomatische und psychiatrisch relevante Diagnosen wie Angststörungen, Depressionen und Suizidalität (Brisch 1999). Verbindet man diese Erkenntnisse mit den in Kapitel 1.2 referierten psychosomatischen und psychiatrischen Folgeerscheinungen sexueller Gewalterfahrung, so kann man einen hohen Zusammenhang zwischen früher Traumatisierung, Bindungsinstabilitäten und psychiatrischen Erkrankungen, insbesondere Borderlineproblematiken, annehmen. In die Diagnostik haben diese Erkenntnisse bisher jedoch noch wenig Eingang gefunden.

Gelingt die soziale Einbettung dementsprechend nicht, kann der erschütterte Glaube an eine vertrauenswürdige Welt nicht wieder neu gefestigt werden. Die gesellschaftliche Abwehr gegenüber traumatischen Ereignissen im Allgemeinen und sexueller Gewalt im Besonderen macht beispielsweise die Eröffnung für Betroffene mitunter so schwierig, dass hier über einen Risikofaktor hinaus von einer sekundären Traumatisierung oder Retraumatisierung gesprochen werden muss (Schmid 1998).

Herr Degan betrauert die fehlende Solidarität, auf die Opfer sexueller Gewalt seiner Meinung nach so elementar angewiesen sind.

> *„Und diese von Generation zu Generation weitergegebene Destruktivität… die Haltung, die einem entgegengebracht wird. ‚Hast du psychische Probleme, kannst du dich auf'n Müll begeben'… Menschen wie mir eine Stimme zu geben, dass sie eine Lobby haben… wenn in der Gesellschaft dann mehr Verständnis dafür bestünde, das würde sehr helfen“.*

Eine Möglichkeit für Betroffene sexualisierter Gewalt, trotz all der widrigen Umstände außerhalb professioneller Hilfe soziale Unterstützung zu erfahren, ist die Teilnahme an Selbsthilfegruppen. Hier kann ein Raum der Zugehörigkeit entstehen, in dem Betroffene sich ohne viele Erklärungen und Rechtfertigungen verstehen und gegenseitig unterstützen können. Dies hilft bei der Auseinandersetzung mit der Gewalterfahrung und wird von manchen Gewaltopfern für ihre Bewältigung als bedeutsamer erfahren als Formen professioneller Unterstützung (Schlingmann et al. 2000).

Das gilt möglicherweise in einem besonders starken Ausmaß für Männer, für die psychosoziale Räume zur Aufarbeitung der sexuellen Gewalterfahrung nach wie vor rar sind.

> *„Es war das erste Mal in meinem Leben, dass meine Geschichte anerkannt wurde“*, erzählt Herr Degan. Auch Herr Belgard unterstreicht die Bedeutung der Selbsthilfegruppe für seinen Aufarbeitungspro-

> zess: „*Wir haben ähnliche, nicht gleiche, aber ähnliche Probleme, ähnliche Erfahrungen, und die reden halt über persönliche Sachen in so einer Gruppe, und das tat mir total gut*".

Auch alltägliche Alternativerfahrungen oder gar Erfolgserlebnisse in Schule, Beruf, politischer Aktivität und Sport können entscheidenden Einfluss auf die Verarbeitung traumatischer Ereignisse nehmen. Das dadurch restaurierte Selbstwertgefühl, positive Kognitionen und der möglicherweise erstmalige Zugang zu stützenden Beziehungen kann einen positiven Anker zur Vermeidung weiterer Folgeerscheinungen bieten. Dem Jugendalter kommt in diesen Prozessen eine besonders große Bedeutung zu.

Herr Belgard gibt hierfür ein Beispiel der örtlichen Jugendgruppe der Feuerwehr, der er sich in der Jugendzeit anschließt und die für ihn einen ersten wichtigen Schritt aus der Gewaltspirale heraus darstellt. Hier macht er erste Alternativerfahrungen sowohl von sozialer Unterstützung als auch von Selbstwirksamkeit und Kontrolle über Extremsituationen:

> „*Das war halt das erste, was so außerhalb von der Familie lag... wo... ein Schnitt zur Familie war. Das hatte mit der Familie nichts zu tun... ich war dann da ziemlich aktiv, bis ich achtzehn war ungefähr, und hab mich in so 'ne Feuerwehrwelt fallen lassen, und (lacht) also heute im Nachhinein find ich das sehr gut für mich... also das war auf jeden Fall was, wo ich erst mal andere kennen gelernt hab*".

3 Beziehung in ihrer Bedeutung für die Bewältigung sexueller Traumatisierung

„Ich glaub, das Schlimmste war … die Isolation."
(Herr Belgard)

3.1 Vorbemerkung

Die nun folgenden fünf Fallbeispiele stammen aus der bereits in der Einleitung kurz vorgestellten Studie „Sexuelle Gewalterfahrung und ihre Bewältigung bei Frauen und Männern" (Gahleitner 2003). Zu Beginn der Falldarstellung wird jeder Klient/jede Klientin jeweils kurz vorgestellt. In einem zweiten Schritt folgt die Beschreibung der Auswirkungen und des Bewältigungsverlaufs der sexuellen Gewalterfahrung. Schließlich wird die Bedeutung des sozialen und professionellen Umfeldes für den Bewältigungsprozess genauer betrachtet.

Durch die biographischen Darstellungen entsteht ein differenzierter Einblick in die komplexen Bedingtheiten des Umgangs mit sexueller Gewalt im Lebensverlauf. Dabei wurde der Versuch unternommen, die Lebensrealität der Klientinnen und Klienten und ihre Erzählungen möglichst weitgehend aus ihrer subjektiven Perspektive zugänglich zu machen. Dadurch soll die Möglichkeit eröffnet werden, die einzelnen Fälle sowohl in ihrer Individualität zu erfassen als auch Gemeinsamkeiten und Unterschiede zwischen ihnen wahrzunehmen und beim Lesen eigene Rückschlüsse auf die Bedeutung von Bindung und Beziehung für die Bewältigung sexueller Traumatisierung vorzunehmen.

Erst am Ende des Kapitels werden die Erfahrungen der Befragten zusammengefasst und sieben Thesen für die professionelle Unterstützung sexuell traumatisierter Klientinnen und Klienten aufgestellt. Die daraus resultierenden Konsequenzen für Therapie und Beratung werden in Kapitel 4 erneut aufgegriffen und anhand von Praxisbeispielen erläutert.

3.2 Falldarstellungen

3.2.1 Frau Albant: „Man sollte ein neues Menschenrecht einführen – das Menschenrecht auf eine unterstützende Beziehung“

Frau Albant ist 32 Jahre alt und lebt allein ohne Kinder. Vor kurzer Zeit hat sie einen neuen Partner kennen gelernt. Sie hat eine Ausbildung zur Versicherungskauffrau gemacht, ist jedoch heute als Sozialarbeiterin im Bereich ambulanter Hilfen tätig und studiert Psychologie. Die ersten Lebensjahre verlebte sie bei ihrer Großmutter in einem kleinen Dorf im Norden Deutschlands. Nach dem Umzug zu den Eltern mit vier Jahren wurde sie bis in das 18. Lebensjahr hinein vom Vater missbraucht. Die Handlungen umfassten Küsse, Umarmungen und Berührungen an den Genitalien.

Mit 16 Jahren sprach sie das Erlebte zum ersten Mal gegenüber ihrem damaligen Freund an. Mit Hilfe eigener Auseinandersetzung, Aussprache mit Freunden und Freundinnen, langjähriger Therapie und verschiedenen therapeutischen Ausbildungen arbeitete sie sich durch die langjährige Gewalterfahrung. Heute ist sie selbst als Professionelle in diesem und anderen psychosozialen Arbeitsfeldern und als Trainerin im Psychotherapiebereich tätig.

Aus heutiger Sicht schildert Frau Albant den Missbrauch als ein Lebensthema, das ursprünglich *„unheimlich viel Raum eingenommen hat, aber immer kleiner wird in den letzten Jahren“*. Durch die früh und immer wieder erfahrene Ohnmacht in den Übergriffssituationen weicht die anfängliche Wehrhaftigkeit bald „erfolgreicheren“ Strategien. *„Ich hab oft an der Decke geklebt währenddessen“*, schildert sie ihr Erleben. Durch nächtliche Missbrauchshandlungen im Halbschlaf entsteht für Frau Albant eine Realitätsverwirrung, die genaue Zuordnungen nicht erlaubt und Sprachlosigkeit über die Misshandlungen herbeiführt. Die Dissoziationen und Verwirrungszustände verselbstständigen sich zu körperlichen und psychischen Erstarrungszuständen und ziehen weitere Folgeerscheinungen wie psychosomatische Krankheiten, Nervosität und Albträume nach sich.

Als wichtigste Stütze in dieser Zeit benennt Frau Albant die positive Bindung zu ihrer Großmutter mütterlicherseits, bei der sie bis zum vierten Lebensjahr aufwächst.

> *„Irgendwie war alles so ein bisschen wie in zwei Welten leben. Oma war die gute Welt, wo ich wirklich ganz viel Liebe gekriegt habe... meine Mutter... war nie richtig Mutter für mich“.*

Auch nach dem Umzug zu den Eltern begleitet die Großmutter Frau Albant weiter und bietet ihr trotz der schwer erschütterten Beziehung zu den Eltern ein sicheres Ufer, auf das sie sich stets zurückziehen kann.

Das sonstige gesellschaftliche Umfeld des ländlichen Bezirks hingegen, in dem sie aufwächst, festigt bei ihr den Eindruck, dass Frauen Männern zu Willen zu sein haben. Als sie versucht, den Pfarrer ins Vertrauen zu ziehen, verweist dieser sie mit den Worten, es gebe überall einmal Streit, zurück an die Familie.

In der Pubertät, als ihre Großmutter dem Tod entgegengeht, hat Frau Albant zum ersten Mal konkrete Suizidgedanken: „*Selbstmord hat für mich in der Pubertät immer Freiheit bedeutet... so als letzter Ausweg*“. An dieser Stelle wird die erste Partnerschaft, die der Vater erfolglos zu verhindern versucht, zu einer entscheidenden Alternativerfahrung für Frau Albant:

> „*Ich bin damals erst so langsam aufgetaut, weil dieser Freund mir irgendwann einmal an die Brust gefasst hat, und ich hab zurückgezuckt, und dann hat er das erst einmal so beobachtet und mich dann irgendwann gefragt, sag mal, warum zuckst du denn immer zurück, wenn ich das tue? – Und dann hab ich gesagt, ja, weil mein Vater das immer tut, und ich finde das nicht schön. Und dann hat er fürchterlich geschluckt und – und das war für mich ein ganz entscheidender Satz – dann hat er gesagt: Das... das machen Papas normalerweise nicht!*“

Diese Aussprache legte ein positives Fundament für den späteren Umgang mit der sexuellen Gewalterfahrung. Frau Albant wird immer klarer, dass es so nicht weitergehen kann. Mit 18 Jahren gelingt es ihr zum ersten Mal, sich effektiv zur Wehr zu setzen. Daraufhin stellt der Vater die Übergriffe ein.

Mit dem Austritt aus der Schule zieht Frau Albant in eine Großstadt. Sie möchte die unangenehmen Erlebnisse der Kindheit „*einfach nur vergessen*“. Trotz des Versuchs, Abstand zu gewinnen, stellt sich jedoch eine starke posttraumatische Symptomatik ein. Morgendlich quälen sie Lähmungserscheinungen, sie entwickelt Essstörungen und eine ausgedehnte Depression.

> „*Das ging so weit, dass dann letztendlich meine Seele mir durch meine Symptome erzählt hat, was eigentlich los war... ich rutschte immer mehr in so einen Zustand – wie soll ich den bezeichnen – von Absorbiertheit vielleicht. Also das – da kam wenig noch von außen rein... mein Körper hat da schon was mitgemacht, also so in dieser Symptomatik*“.

Sie verliert sich in der Anonymität des Universitätsbetriebs und gerät in eine tiefe Krise. Während ihr Hausarzt sie behutsam auf mögliche Ursachen der zahlreichen Symptome hinweist, wird sie von der Beratungsstelle der Universität verantwortungslos im Stich gelassen. Die dortige Psychologin schickt sie mit den Worten, sie könne wiederkommen, wenn sie sagen könne, was mit ihr los sei, nach Hause. Nach mehreren Reviktimisierungen durch Unbekannte auf der Straße, im Kollegenkreis und in einer vorübergehenden Paarbeziehung steht Frau Albant kurz vor dem Suizid:

> *„Ich dachte: Das ist kein Leben mehr… ich komme hier nicht raus… und dann stand ich irgendwie eine ganze Nacht lang auf meinem Balkon rum und dachte, ich spring“.*

Obwohl nach dem Suizidversuch die Beschwerden zunächst zunehmen und zusätzlich Erinnerungen, Schuld- und Schamgefühle und selbstverletzendes Verhalten aktivieren, schildert Frau Albant diesen Moment als ein Schlüsselerlebnis zur Auseinandersetzung mit dem Geschehenen:

> *„Ich weiß noch… es war eine ziemlich klare Nacht… und irgendwie am Morgen – es dämmerte schon – habe ich mich gefragt, wer will hier eigentlich wen umbringen? Und das war die richtige Frage… Auf jeden Fall habe ich mich dann sozusagen auf diesem Balkon wirklich fürs Leben entschieden, und das hieß auch irgendwie… aufzuarbeiten, was immer es sein mag… und nach dieser Entscheidung habe ich nie wieder über Selbstmord ernsthaft nachgedacht… ich habe mir immer gesagt: Nein, das hab ich damals entschieden – Punkt.“*

Schließlich schafft sie es, den Teufelskreis zu durchbrechen. Als eine zentrale Fähigkeit in diesem Prozess beschreibt Frau Albant für sich, Hilfe von anderen annehmen zu können. Auf der Basis der tragenden Beziehung zur Großmutter kann sie sich ihrer Erzählung nach gut Unterstützung organisieren.

> *„Ich hab's den nächsten Menschen, also die nahe mit mir zu tun hatten, immer gesagt. Das war auch wichtig für mich. Nicht jedem, aber irgendwie so den nächsten Freunden, die wussten einfach darum“.*

Als zwei wichtige Meilensteine in der Verarbeitung der Gewalterfahrung betrachtet Frau Albant ihre beiden therapeutischen Erfahrungen. Zunächst eine Gestalt- und Körpertherapie, danach eine Ausbildung zum Neurolinguistischen Programmieren. Als Basiselement im Heilungsprozess benennt sie, dass die Gestalttherapeutin eine Beziehung aufbaut beziehungsweise an die alte gute Beziehungserfahrung mit der Großmutter anknüpft und sie und ihre Lebensgeschichte aushält. Die kognitive Aufarbeitung und die Nutzung eigener Ressourcen sei zwar wichtig, sich jedoch vertrauensvoll in eine therapeutische Beziehung begeben zu können, sei eine ganz andere, emotional wesentlich grundlegendere Bedingung für den Verarbeitungsprozess.

Im Laufe der Therapien setzt Frau Albant die Therapeutin als Ersatz-Mutterinstanz und den späteren Therapeuten als Ersatz-Vaterinstanz für sich ein. Diese beiden inneren Instanzen bewirken ihrer Schilderung nach eine entscheidende Veränderung. Die dort erfahrenen Bindungsqualitäten knüpfen unmittelbar an die frühen Erfahrungen mit der Großmutter an und lassen die desorganisierten Anteile und die tiefen Verletzungen durch die Eltern in den Hintergrund treten.

> *„Ich glaube, man kann das Stück nicht alleine. Ich denke, Verarbeitung oder Heilung hat viele Wegesabschnitte. Aber es gibt mindestens einen, den man nicht alleine machen kann… ich hab das denn sehr entlastend erlebt, einfach erzählen können und auch einfach viel geweint während der Zeit. Das hat viel in Bewegung gesetzt… ich habs, glaube ich, emotional verarbeitet dort… ich hab das mal so als Bild genannt: einmal durch den Tränensee schwimmen".*

Vor der Therapie war diese Konfrontation nicht möglich, die Angst vor Gefühlsüberflutung und Überforderung einfach zu groß.

> *„Ich hatte vorher immer das Gefühl, wenn ich geweint habe, dass ich Angst vor meinen Tränen hatte, um nicht völlig zu zerfließen. Und dann hab ich sie eher, glaub ich, festgehalten, diese Tränen".*

Auf der emotionalen Basis der sicheren Bindung zu ihrer Therapeutin jedoch wurde die Verarbeitung der tiefen Trauer und danach auch eine kognitive Einordnung der Erfahrungen möglich.

> *„Ich ordne meine inneren Bilder anders an. Es ist nicht mehr dieser Riesenblock in der Mitte, der alles überschattet, sondern es ist irgendwie – die Peripherie ist ausgefüllt mit positiven Bildern – und das hat es kleiner gemacht für mich".*

Stück für Stück kämpft sie sich so voran. Sie beginnt mit Selbstverteidigung, treibt viel Sport, schreibt Tagebuch und gestaltet ihren Lebensraum neu. Das spätere Studium der Sozialarbeit und Sozialpädagogik und die eigene Praxistätigkeit führen nochmals zu einer konstruktiven Auseinandersetzung mit der Gewalterfahrung auf einer anderen Ebene. Hier erfährt sie maßgebliche Unterstützung durch eine Professorin:

> *„Die hat gesagt, rein und durch, also – wenn du Sozialarbeiterin wirst, dann kannst du dich darauf einrichten, dass dir das Thema allen Ortes begegnet, das heißt, verarbeite es für dich, dann ist das sehr gewinnbringend".*

Die Verarbeitung führt ihrer Erzählung nach zu einem weitgehend erfüllten, arbeitsintensiven Leben. Frau Albant wirkt selbstbewusst, lebensbejahend und differenziert. Die Folgeerscheinungen haben sich entschieden verbessert. „*Ich hoffe mal, dass der Großteil einfach hinter mir liegt*", sagt sie, auch wenn man nie wisse, ob es wirklich verarbeitet ist – „*also da kann immer noch mal was kommen*".

3.2.2 Herr Belgard: „Ich glaub, das Schlimmste war ... die Isolation"

Herr Belgard ist 31 Jahre alt, von Beruf Rettungsassistent, studiert Sozialpädagogik und lebt in einer langjährigen Partnerschaft. Er wuchs zusammen mit seinem jüngeren Bruder bei den leiblichen Eltern in einer Großstadt auf. Der Vater war aufgrund seines Berufes laufend auf Montage unterwegs. Herr Belgard wurde vom siebten bis zum fünfzehnten Lebensjahr von seiner Mutter regelmäßig sexuell missbraucht. Die Handlungen reichten von Berührungen an den Genitalien über Küsse und erzwungene Stimulationen der Mutter bis hin zu Oral- und Analverkehr. Mit 25 Jahren erzählte Herr Belgard zwei Freundinnen von den Gewalthandlungen. Sie begleiteten ihn über die erste Krisenzeit bis zum Beginn einer mehrjährigen Therapie und der Teilnahme an einer Selbsthilfegruppe.

Herr Belgard erlebt sich als schwer beeinträchtigt durch den erlebten sexuellen Missbrauch. Er teilt sein bisheriges Leben rückblickend in drei Phasen ein, die jeweils verschiedene Abschnitte im Umgang mit der Gewalterfahrung charakterisieren:

> „*Das ist einmal meine Kindheit und Jugend, bis ich von zu Hause weg bin, das war mit achtzehn... und dann gab es einen Schnitt von achtzehn bis fünfundzwanzig, und mit fünfundzwanzig habe ich angefangen, meine Missbrauchsgeschichte aufzuarbeiten*".

Die Kindheit und Jugend beschreibt er als von Gewalt und Hoffnungslosigkeit geprägt: „*Die Erinnerungen an früher... das war ein großes schwarzes Loch, so ein ganz bedrohliches, dunkles*". Erst in den letzten Jahren hat sich dieser Schleier etwas gelichtet. Im Rückblick betrachtet, verhelfen ihm als Kind Scheinwelten und Übergewichtigkeit zu einem gewissen Schutz. Die Verletzungs- und Ohnmachtsgefühle finden darin allerdings keinen Platz und führen zu dissoziativen Zuständen, Schlaf- und Konzentrationsstörungen sowie Autoaggressionen:

> „*Und was ich auch weiß, ist, dass ich aus mir rausgehen konnte. Also ich hab das jetzt noch mal erlebt, und dann kam die Erinnerung, dass das früher auch so war*".

Die auf diese Weise erlernte Fühllosigkeit entwickelt sich bereits im Kindesalter zu einer schweren Depressivität und Todessehnsucht, eine Grundstimmung, die sich – unterbrochen von aggressiven Durchbrüchen – bis zum Zeitpunkt der bewussten Bearbeitung der Gewalterfahrung fortsetzt. Als Kind zählt er apathisch die Stunden und wartet, dass die Tage vergehen.

> *„Ich glaub, das Schlimmste war dieses Gefühl, nichts wert zu sein, und die Isolation… ich hab immer das Gefühl, eigentlich sind alle ganz weit weg von mir“.*

Gewalt war im familiären Umfeld von Herrn Belgard an der Tagesordnung, jedoch tabuisiert.

> *„Die Strukturen waren so, dass Gewalt gegen Kinder normal war, nicht offiziell, aber… klar war, dass der und der Onkel seine Kinder wieder so zusammengeprügelt hat, dass sie im Krankenhaus lagen. Und das wurde aber nie verhandelt“.*

Das professionelle Hilfesystem hat in der Erinnerung von Herrn Belgard diesbezüglich versagt.

> *„Es… wären genug Leute da gewesen, die auch was mitbekommen haben… der Notarzt… der Pfarrer… also der erste Mensch, der mich irgendwie dann darauf angesprochen hat, dass es mir schlecht geht, war eine Lehrerin… und ich fing nur an zu sprudeln, und da war ich achtzehn… aber vorher hat nie jemand gefragt“.*

Den ersten Schritt hin zur Verbesserung erringt er durch den Eintritt in eine Jugendgruppe der freiwilligen Feuerwehr, die ihm als Zufluchtsort dient. *„Das war das erste,… wo ich mit anderen Leuten Kontakt hatte und… wo ich irgendwie rausgekommen bin“*. Dadurch gelingt es ihm, Übergriffen aus dem Weg zu gehen und Alternativerfahrungen zu machen. Die Arbeit im Feuerwehr- und Rettungsbereich begleitet ihn bis heute und dient nach eigener Aussage bis heute der Möglichkeit, in der Helferrolle das Entsetzen über Menschenschicksale unter Kontrolle zu bekommen.

Im Alter von 18 Jahren wird er von einem Tramper vergewaltigt. Die Jahre danach sind zunächst geprägt von radikalpolitischen Aktivitäten bis hin zu strafrechtlich relevanten Gewalthandlungen – jeweils im Namen linker Ideologien und an der Seite von Frauen mit eigenen Gewalterfahrungen. An Stelle der Depressionen kommt es immer mehr zu aggressiven Handlungen, die Herr Belgard eng in Zusammenhang mit der erlittenen Gewalterfahrung bringt:

> *„Und in dieser zweiten Phase, wo es mir erstmal sehr viel besser ging, habe ich ziemlich viel von meinen Aggressionen rausgelassen, die ich hatte, und... ziemlich viel an illegalen und auch gewalttätigen Aktionen gemacht. Was damals für mich so ein Ding war, diese Welt ist total scheiße, ich möchte wenigstens irgendwas dagegen machen... mit der Zeit habe ich aber kapiert, ich hab überhaupt kein Selbstwertgefühl, ... hab das immer nur aus den politischen Aktionen gezogen."*

Zum Ende der politischen Tätigkeit hin kommt es zu autoaggressiven Tendenzen, angefangen von mangelnder Sorgsamkeit für die Lebensgestaltung bis hin zu riskantem Drogenabusus: „*Ich hab irgendwie alle Drogen bis Heroin ausprobiert, nur um mich kaputt zu machen*". Nach einem Suizidversuch gelingt es ihm gerade noch rechtzeitig, Hilfe zu suchen. Im Alter von 25 Jahren schließlich bekennt sich Herr Belgard erstmals öffentlich zu seiner Vergewaltigung und erleidet anschließend einen psychischen Zusammenbruch:

> *„Es gab eine Diskussion über einen Vergewaltigungsfall in der linken Szene, und an dem Abend brach das dann auf, da irgendwie mehrmals gesagt wurde, dass Männer da eigentlich keine Stellung nehmen können, weil sie keine eigenen Erfahrungen dazu haben... Und dann musste einer plötzlich heulen und meinte, ja er hätte da schon Erfahrungen... und er heulte dann, und die anderen Männer, die da waren, waren völlig hilflos damit, und einer meinte dann plötzlich, ja das sei ja jetzt nicht Thema hier, das sei ja toll, dass er das irgendwie erzählt, hat es total abgebügelt, und ich merkte so, wie's mir ganz schlecht wurde. So. Und da kam mir die Erinnerung hoch... und ich habe mich zu Wort gemeldet und hab gemeint, ja dass ich das scheiße finde, wie das abgebügelt wird von ihm, und dass ich halt auch Gewalterfahrungen habe. So. In dem Bereich. Und dann wurd's mir ganz heiß und kalt, und ich musste heulen, und... es hat sich alles um mich gedreht."*

In den nächsten Tagen und Wochen wird er von zwei Freundinnen kriseninterventiv begleitet. In dem Bewusstsein, dass er professionelle Hilfe braucht, um einen Umgang mit den Erinnerungen an die sexuelle Gewalt durch die Mutter zu finden, beginnt er eine Gestalttherapie. In den ersten Monaten eskalieren die posttraumatischen Belastungen in Form überfordernder Bilder und Gefühlszustände, grenzenloser Wut und Trauer, wirken jedoch auf der anderen Seite wie ein Zugang zu den Belastungen und Leiden der Kindheit und Jugend. „*Das kam dann alles hoch, und so schrecklich das war, es war auf der andern Seite plötzlich ein Schlüssel*".

Heute betrachtet Herr Belgard die Krisensituation als Eingangserlebnis zur Veränderung seiner Lebenssituation. Seither ist es für ihn ständig aufwärts gegangen: Trotz ab und zu noch auftretender Flashbacks, aggressiver Gefühle und zeitweiliger psychosomatischer Erscheinungen gelingt es ihm heute gut, sein Leben zu organisieren. Er blickt mit einem positiven Grundgefühl in die Zukunft und zeichnet in einer Selbsteinschätzung das Bild eines lebensbejahenden, aktiven, emotional schwingungsfähigen Menschen mit einem gesunden Selbstbewusstsein. *„Da hat sich viel verändert… da hab ich irgendwie kaum mehr Probleme mit“.*

Je mehr Einsicht Herr Belgard in die Ursprünge seiner Aggressionen gewinnt, umso mehr Zugang bekommt er auch zu den Gefühlen der Opfer der linken Gewalt:

> *„Damals hat sich auch mein Umgang mit diesen Aggressionen verändert, als ich kapiert habe, dass ich da Menschen etwas antue, was ich selber erfahren habe“.*

Als entscheidende Szene beschreibt er eine konfrontative Begegnung mit einem Polizisten während einer Demonstration, in der er plötzlich erkennt, wie hilflos und verängstigt sein Gegenüber ist – auf dieses Erlebnis hin bereitet er den Ausstieg aus der Szene vor:

> *„Und er stand mir gegenüber, und ich hab das Zucken in seinen Augen wahrgenommen… und ich hätte fast geheult, so. Ich habe ihm dann hochgeholfen und rausgeholfen. Weil das war so ein Schlüsselerlebnis, wo ich gemerkt habe, halt, stimmt,… das ist ja, der hat ja Angst… einfach nur Angst um sein Leben.“*

Aus der langjährigen Therapie hat er die Erfahrung gewonnen, wie wichtig es ihm ist, dass der Therapeut beziehungsweise die Therapeutin Kritik und eine ehrliche Begegnung zulässt, methodisch flexibel ist und seriös arbeitet. Therapeutische Methoden und Techniken hält er für untergeordnet – ohne Einbettung in eine tragfähige Beziehung sogar für riskant:

> *„Es gibt einfach viele Leute, die machen Experimente… ich finde das sehr komisch, wenn Leute dahin kommen, weil sie was aufarbeiten wollen von früher, dann halt irgendwelchen Methoden… unterzogen werden“.*

Bis heute schätzt er das flexible Setting, die gute Empathiefähigkeit und situative Intuition seines Therapeuten. Die konstruktive Zusammenarbeit in gegenseitiger Achtung und Offenheit ermöglichten ihm nach seinen Worten, Vertrauen aufzubauen und Sicherheit zu entwickeln.

Gegen Ende der Therapie macht sich Herr Belgard auf die Suche nach einer Selbsthilfegruppe, die ihn ebenfalls entscheidend in der Verarbeitung voranbringt:

> *„Dass ich auf einmal mitbekomme, da sind Männer… ich bin nicht allein, wir haben ähnliche… Probleme… also, auch das stößt unglaublich viel bei mir an… weil es was anderes ist als in der Therapie, so, es ist ein Schritt weiter raus.“*

Angefangen von den ersten Außenkontakten zur Jugendfeuerwehr über die späteren Alternativerfahrungen im Freundeskreis bis hin zu professionellen Hilfen bieten sich für Herrn Belgard durch die sekundär entstandenen positiven Bindungsmöglichkeiten schrittweise neue Perspektiven für die Bewältigung der sexuellen Gewalterfahrung. „Earned secure“ spielt für ihn somit eine entscheidende Rolle im Bewältigungsprozess. Bei ihm wird die Veränderung von einer starken Isolierung hin zu einer relativ guten sozialen Einbettung deutlich. Die als Kind erlebte Situation des Ausgeliefertseins mit nur einer positiv besetzten Person im Umfeld, der Großmutter mütterlicherseits, die jedoch kaum Einfluss auf die Gestaltung des Alltages nimmt, verändert sich zu einem guten sozialen Netz, das von der Partnerschaft ebenso getragen wird wie von zahlreichen Freunden und Freundinnen.

3.2.3 Frau Cirillo: „So in Beziehung jetzt… das ist ein ganz anderes Aufgefangensein“

Frau Cirillo ist 36 Jahre alt, arbeitet als Medienexpertin bei einer Zeitung und lebt seit einigen Jahren mit ihrer Lebenspartnerin zusammen. Sie wuchs als Einzelkind in einer Kleinstadt bei den leiblichen Eltern auf, deren Beziehung sie „nach außen als gutbürgerlich“ beschreibt. Frau Cirillo wurde von früher Kindheit an bis ins Jugendlichenalter vom Vater sexuell missbraucht. Die Übergriffe reichten von Berührungen an den Genitalien bis zum Genital-, Oral- und Analverkehr.

21 Jahre später sprach Frau Cirillo das erste Mal mit einer Therapeutin über die Übergriffe. Zuvor machte sie mehrere Versuche, sich zu öffnen; es wurde ihr jedoch nie Glauben geschenkt. Heute hat Frau Cirillo nach langjähriger Therapie, der Teilnahme an einer Selbsthilfegruppe und mit Hilfe der Unterstützung ihrer Partnerin und zahlreicher Freundinnen für sich einen Weg gefunden, mit den erlebten Gewalterfahrungen umzugehen.

Frau Cirillo erlebt sich als tief geprägt von der Gewalterfahrung. Insbesondere die Jahre, in denen sie die Folgeerscheinungen mit der Gewalteinwirkung nicht in Verbindung bringen konnte, betrachtet sie im Rückblick als nicht nur verlorene, sondern auch sehr gefährdete Zeit.

An die Kindheit hat sie nur wenige Erinnerungen. Entsprechend den Mustern amnestischer Lücken nach traumatischen Erfahrungen erinnert Frau Cirillo Stimmungen und kleine Details, jedoch kaum längere Szenen. Stattdessen schildert sie einen stark dissoziativ-vermeidenden Umgang mit Gefühlen und Situationen, die mit der Gewalterfahrung in Verbindung stehen. Rückzugsverhalten, Isolation und Depressionen sind die Folge.

In der Kindheit umgeben Frau Cirillo außer der Deutschlehrerin und einem Kinderfreund nur die sehr ambivalent wahrgenommenen Eltern und die Beziehung zu einem vertrauten Pferd. Sie blickt daher mit vielen negativen Gefühlen auf ihre Ursprungsfamilie zurück. Materielle Überversorgung kontrastierte mit Vernachlässigung an entscheidenden Eckpfeilern wie Geborgenheit, Vertrauen und kindgerechter Offenheit.

> *„Wenn… ich einfache Wünsche hatte, dann wurden die oftmals nicht erfüllt, aber Sachen, die ich vielleicht gar nicht so intensiv wünschte, sondern einfach, wie Kinder auch manchmal schlichtweg so daherplappern… mit solchen Sachen wurde ich dann regelrecht zugeworfen“.*

Während der ersten krisenhaften Situationen im Jugendlichenalter zeigt sich die Beziehungslosigkeit der Eltern zu ihrer Tochter auch nach außen. Nach einem Suizidversuch begleitet anstelle der Mutter eine Lehrerin Frau Cirillo auf die Intensivstation. Die Sorge der Mutter dreht sich mehr um das Gerede der Nachbarn. Frau Cirillo erinnert sich nur ungern an diese Zeit: *„Ich war mehrfach stationär, ich war mehrfach intensiv gelegen und… es war eine Zeit von… sehr viel Leiden“.*

Im Alter von 19 Jahren kommt es zu einer Reviktimisierung in Form einer Vergewaltigung durch einen flüchtigen Bekannten. Noch heute ist sie betroffen von der Vorstellung, wie wenig es ihr möglich war, die Situation zu beeinflussen.

> *„Ich kam mir vor wie aufgezogen an einer Schnur… ich habe mich danach irgendwie bodenlos geschämt… auch so dieses Gefühl, es ihm so leicht gemacht zu haben“.*

Die Vergewaltigung stürzt sie erneut in eine Phase schwerer Autoaggressivität und Destruktivität. Sie zieht sich von allen Kontakten zurück, gerät in eine tiefe Distanz zu sich und ihrem Umfeld.

Ein monatelanger Psychiatrieaufenthalt und ein ambulanter Therapieversuch zeigen keinerlei Wirkung. Sie verlässt die Psychiatrie ihren Worten nach in einer „Art Pattsituation“ – unverändert und in einem Gefühl von Stagnation:

> *„Ich wusste, das geht langfristig nicht so weiter... irgendwann bringe ich mich entweder um... oder ich finde eine konstruktive Lösung... ich hab da sehr extrem gedacht".*

Einige Jahre gelingt es Frau Cirillo, sich ihrem Studium und der beruflichen Zukunft zuzuwenden; bald jedoch tauchen erneut posttraumatische Belastungssymptome, insbesondere überflutende Erinnerungsbilder auf und lassen das mühsam errichtete Gebäude zusammenbrechen.

> *„Ich habe dann versucht, mich so irgendwie durchs Leben zu retten... und habe im Studium ganz gut funktioniert, aber ich hatte immer so das Gefühl, das ist alles sehr tönern, es braucht nur einen kleinen Hammerschlag, und alles zerbricht... und irgendwann fing das an, dass konkrete Erinnerungen hochkamen... ich hab das in der Anfangszeit versucht, mit Alkohol zu bekämpfen, weil ich nicht wusste, wohin mit dem Schmerz... und es war eigentlich nochmals so ein erweitertes Drama aus der Jugendzeit, mit viel Selbstverletzung, nicht nur über Alkohol, sondern so auch autoaggressiv."*

Schließlich bekommt sie über eine Freundin Kontakt zu einer Selbsthilfegruppe. Hier findet sie erstmals die Möglichkeit zum Austausch mit Frauen, die mit ähnlicher Symptomatik und Vergangenheit versuchen, ihr Leben zu managen. Der Zugang zu Erinnerungen und Gefühlen und die anschließende Konfrontation der Eltern ist zwar mit viel Schmerz verbunden, erweist sich aber letztlich in ihren Augen als Lösung des „Gordischen Knotens":

> *„Ich hatte erstmals das Gefühl, etwas in der Hand zu haben, so einen Faden von der eigenen Geschichte, der mir immer fehlte... und dann habe ich mich mit Hilfe dieser Selbsthilfegruppe mit mir auseinander gesetzt... mit meinen Träumen und Erinnerungen".*

Nach mehreren Monaten Zusammenarbeit mit der Selbsthilfegruppe konfrontiert sie die Eltern:

> *„Sie haben denn reagiert wie die meisten reagieren, mein Vater als der Täter hat es gänzlich geleugnet, und meine Mutter – die also von meinen Erinnerungen, wenn nicht Mittäterin, zumindest Mitwisserin... war – hat es auch völlig abgelehnt".*

Frau Cirillo sieht dieses Verhalten als Aufrechterhaltung der „heilen Familientradition", die stets eine große Rolle gespielt hatte. Nach reiflicher Überlegung entscheidet sie sich, den Kontakt zu den Eltern abzubrechen.

Seither erfährt sie den Umgang mit der Gewalterfahrung als einen kontinuierlichen Auseinandersetzungsprozess. Kreative Ausdrucksmöglichkeiten sind ihr dabei eine große Unterstützung:

> *„Was ich verbal nicht formulieren konnte, konnte ich eher schriftlich transkribieren, und wenn es dann erst mal geschrieben war, dann ließ es sich auch leichter mal verbal äußern, das hat dann irgendwie etwas in Bewegung gebracht… oder mit dem Malen, das hat mich durch meine Therapien begleitet… sich andere Werkzeuge regelrecht zu Hilfe zu nehmen."*

Die soziale Einbettung durch nichtfamiliäre Bezugspersonen hat sich im Lauf der Jahre deutlich stabilisiert. Die große Bedeutung ihrer Beziehungspartnerin sowie anderer Bezugspersonen für ihr Leben ist Frau Cirillo sehr bewusst. Nach einem etwas turbulenten Coming Out, das innerhalb der schwierigen Verarbeitungszeiträume ebenfalls seinen Platz finden musste, ist sie mit ihrer heutigen lesbischen Beziehungssituation sehr zufrieden. Sie hat für sich eine Wahlfamilie gefunden, in der sie sich aufgehoben, geschützt und gestützt fühlt.

> *„Und ich habe auch gemerkt, dass es auch'n anderes Verarbeiten ist, wenn Mann beziehungsweise Frau alleine lebt oder wenn man in einer Beziehung ist… ich hab, als ich alleine lebte, viel eher dazu geneigt, halt mich dann zu verkriechen,… während ich… jetzt das ganz anders erlebe, weil sie ist einfach da, und sie nimmt sich die Zeit, und das ist ein ganz anderes Aufgefangensein."*

Ohne jegliche Unterstützung von außen kann sie sich den Umgang mit der Gewalterfahrung gar nicht vorstellen. Trotz Rückzugstendenzen und des zeitweiligen Gefühls, dass es ohnehin niemand mit dieser schweren Problematik aufnehmen kann, hält sie kompetente Hilfestellung für sehr wichtig.

> *„Ich habe immer wieder so Anwandlungen gehabt, wo ich gedacht habe, das versteht eh niemand, und auch so dieses Gefühl, das ist nur dir passiert… und dementsprechend wirst du nirgendwo Verständnis und Mitgefühl finden, sondern musst zusehen, wie du da selbst rauskommst, das ging lange Zeit so."*

Frau Cirillo macht allerdings auch sehr unterschiedliche Erfahrungen mit dem professionellen Hilfesystem. Das offene und behutsame Beratungsklima der Frauenberatungsstelle und der anschließende Besuch der Selbsthilfegruppe bringen sie ihrem Empfinden nach große Schritte weiter. Auch manche der therapeutischen Sequenzen erweisen sich für sie als nützlich. Dennoch hat ihr tiefes Misstrauen gegenüber Institutionen einen reellen biografischen Hintergrund: In der Psychiatrie hat Frau Cirillo viel Ignoranz erlebt.

Weder mit ihrer sexuellen Orientierung noch mit der sexuellen Gewalterfahrung findet das System ihrer Erfahrung nach einen angemessenen Umgang. Die Reduktion auf diagnostische Labels wie Borderline-Syndrom und Adoleszenzkrise und die starre Struktur bieten ihr keinerlei Anknüpfungspunkte für ihren Leidensdruck. Kritik am System wird postwendend als Symptomatik gedeutet. Zentrale Elemente wie aufgezwungene Deutungsmuster, professionelle Distanz und belastende Gegenübertragungen verstärken ihr Gefühl von Beziehungslosigkeit und Ohnmacht und erweisen sich eher als hinderlich für den Bewältigungsprozess.

> *„Ich hatte vor allen Dingen den Eindruck, dass da in den Köpfen meines jeweiligen Therapeuten und Therapeutin ein ganz bestimmtes Schema war, nach dem diese Therapie ablaufen musste. Unwahrscheinlich stringent. Und alles, was davon abwich, durfte, sollte nicht sein. Und das hat mich damals unwahrscheinlich provoziert. Also entweder hab ich mich wahnsinnig zurückgezogen in ein fünffaches Schneckenhaus, und dann war nichts mehr, oder ich habe provoziert, bewusst und unbewusst, indem ich dann also Suizidversuche auch auf Station gemacht habe."*

Die Auseinandersetzung und behutsame Selbstfindung im Rahmen der Selbsthilfegruppe hingegen betrachtet sie heute als die wichtigste Verarbeitungshilfe im Kontext der Gewalterfahrung.

> *„Das war für mich eine ziemlich große Überraschung… es war ein echter Weg… also für andere könnt ich immer nur raten, sich auf alle Fälle mit einer Selbsthilfegruppe zu versuchen, weil einfach dieses solidarische Gefühl des Aufgehobenseins und ähnliche Erinnerungen zu haben… und das dann vor allen Dingen auch in einem Freiraum formulieren zu dürfen, wo man geschützt ist,… das hat mir eigentlich mehr gebracht als jede Therapie."*

Im Anschluss daran macht sie jedoch auch die ersten positiven Erfahrungen mit Psychotherapie.

> *„Ich hab auch Therapien als hilfreich erfahren, vor allen Dingen die letzte, das war eine freie Gesprächstherapie… so mehrere Ansätze, das hat mir schon viel geholfen, aber bei dieser Therapie habe ich auch*

> *gemerkt, die hat auch profitiert von all den Erfahrungen, die ich früher gemacht habe… und auch mit meiner zu dem Zeitpunkt dann parallel laufenden Selbsthilfegruppe.“*

Heute, nach Jahren von therapeutischer und sozialer Unterstützung, hat die posttraumatische Belastung deutlich abgenommen. Frau Cirillo blickt positiv in die Zukunft, zeigt ein gesundes Selbstbewusstsein. Sie arbeitet zunehmend im kreativ-künstlerischen Bereich und findet darüber wichtige Ausdrucksmöglichkeiten für ihre Lebenserfahrungen. Ein dicht gewebtes soziales Netz bietet Unterstützung in schwierigen Lebenssituationen. Die Verarbeitung der Gewalterfahrung ist ihrer Ansicht nach zwar nicht beendet und wirft immer wieder neue Fragen auf, aber heute kann sie sich ihnen mit genügend Rückendeckung angemessen stellen.

3.2.4 Herr Degan: „Alleinsein damit, das macht wahnsinnig“

Herr Degan ist 39 Jahre alt, lebt allein und hat Literaturwissenschaften studiert. Momentan hat er eine befristete, über das Bundessozialhilfegesetz geförderte Stelle. Er wuchs mit seinem um drei Jahre jüngeren Bruder bei seinen leiblichen Eltern in einer Kleinstadt auf. Herr Degan war über seine gesamte Kindheit hinweg sexuellen Übergriffen und körperlichen Gewalteinwirkungen bis hin zu sadistischen Gewalthandlungen durch seine Mutter ausgesetzt.

Bereits als Kind von der Außenwelt isoliert, hatte er Schwierigkeiten, Kontakte zu schließen und lief mehrfach von zu Hause weg. Mit dem Studienbeginn zog er in eine weit entfernte Großstadt. Der Wunsch nach einem konstruktiven Umgang mit den Erfahrungen scheitert für Herrn Degan an der harten Realität, die ihn mit dauerhaften Folgeerscheinungen und immer wiederkehrenden Krisensituationen überfordert.

> *„Es gibt keinen Lebensbereich,… wo die Folgen sich nicht niederschlagen würden. Auf allen Ebenen. Im Denken, im Fühlen, Körper und in allen Bereichen des Lebens. Arbeit, privat, Beziehung, alles“*, sagt Herr Degan.

Bewusst wurde ihm die Kopplung dieser Lebensprobleme mit der erfahrenen Gewalt jedoch erst vor wenigen Jahren. Zuvor waren die Gewalthandlungen über Jahrzehnte hinweg nahezu vollständig verdrängt.

Heute kann sich Herr Degan kaum mehr vorstellen, wie er seine Kindheit ertragen hat. Als psychisch kranke Alkoholikerin instrumentalisierte seine Mutter ihn bis hinein ins Jugendlichenalter für ihre sexuellen Belange und psychischen Ausnahmezustände.

> *„Ich selbst hab das als Kind nie anders gekannt… das war für mich Liebe. Natürlich weiß ich heute, es war keine Liebe, das Kind glaubt das aber, muss es glauben.“*

Ambivalenzen zwischen Bedürfnissen nach Zuwendung und Angst beziehungsweise Ekel vor den Gewalthandlungen halten ihn in einer Art Bann. Gerettet hat ihn seiner Meinung nach der Aufbau zweier völlig getrennter Welten, eine Spaltung in eine Pseudopersönlichkeit und einen unerschlossenen Pool von verdrängten Gefühlen.

Dieser Mechanismus erweist sich heute jedoch als dysfunktional: *„Es ist fast schizophren… verblüffend eigentlich, wie das funktioniert hat… dadurch habe ich überlebt… und es ist eben schwierig, wie krieg ich diese Fassade weg?“* Sein Bedürfnis, *„ich möchte aber ich sein“*, ist zwar sehr stark; lässt er aber die Fassade fallen, so *„steht da plötzlich ein… sehr verängstigtes und zutiefst verletztes Selbst, was sehr viel Halt und Hilfe braucht“*.

Zum Zeitpunkt der Übergriffe gewährt das geschlossene Familiensystem anderen keinerlei Einblick oder Unterstützungsmöglichkeit: *„Es gab nur meine Mutter, das, was sie sagte, das, was sie tat. Und niemanden sonst“*. In dieser totalen Abhängigkeit wird der Machtmissbrauch zur bitteren Alltagsrealität:

> *„Normalität war die absolute Ausnahme: Das sah dann so aus: Keiner hat miteinander geredet, man hängt vor der Glotze, es wird sich ausnahmsweise mal nicht irgendwie gestritten, wir wurden ausnahmsweise nicht geprügelt und nicht missbraucht und meine Mutter war ausnahmsweise mal nicht besoffen. Das war so das Äußerste, was ich hatte.“*

Der Vater kann sich gegen die gewalttätige und alkoholisierte Mutter nicht durchsetzen: *„Die hat den mit vollen Konservendosen beworfen, und der konnte nur noch in Deckung gehen.“* Er unternimmt jedoch auch keine Anstrengung, sich und die Kinder in Sicherheit zu bringen. Bereits als Kind verspürt Herr Degan seine Schutzlosigkeit und eine tiefe Verzweiflung:

> *„Ich wusste immer, dass meine Kindheit nicht glücklich war… habe schon ganz früh versucht, von zu Hause wegzulaufen… bin weggerannt… zum Rhein, und ich dachte so… da kommt'n Schiff und hält. Das war der Traum.“*

Isoliertheit und Einsamkeit sind daher durchgängige Lebensthemen. Als einzige Gegenkräfte innerhalb des geschlossenen destruktiven Familiensystems erweisen sich der Bezug zu Tieren und innere Phantasiewelten. Im Lauf der Zeit entwickelt sich daraus eine Art innerer Stimme, ein Wissen um eine bessere Welt. Herr Degan kann die Frage, woher diese Ressource rührt und ob es möglicherweise doch eine schützende Person in der frühen Kindheit gegeben hat, nicht beantworten:

> *„Es muss eine Erfahrung gegeben haben, eine Botschaft, irgendetwas … das würde ich unheimlich gerne finden, das wird aber in einem Alter stattgefunden haben, wo eben so klare Bilder einfach nicht mehr auftauchen.“*

In seiner Jugendzeit hängt er sich an den Rettungsanker Schule: *„Ich musste gute Noten haben, das war überlebenswichtig, Leistung bringen.“* Kreative Fähigkeiten, der Umgang mit Literatur und ein Sinn für Ästhetik bieten ihm bereits zu dieser Zeit wichtige Stützpfeiler, auf denen er seinen Weg in die Selbstständigkeit vorbereitet. Die damit verbundene Herausbildung von Reflexionsfähigkeit, die Möglichkeit, Alternativwelten entwickeln zu können, erlebt er für sich als eine große Chance. Bis heute sind ihm das literaturwissenschaftliche Studium, das Schreiben und seine Arbeitsstelle neben Sport und anderen körperlichen Aktivitäten eine wichtige Unterstützung.

Zum Studienbeginn zieht er in eine weit entfernte Großstadt. Nach einem Nikotinentzug und einem Besuch bei seinen Eltern ist er plötzlich heftigen Gefühlszuständen und Bildern über die frühen Gewalterfahrungen ausgesetzt.

Er beschreibt diesen Zustand *„wie einen Film, mit heftigen Gefühlen verbunden… ich habe plötzlich unvermittelt furchtbar weinen müssen oder heftige Wutanfälle gekriegt, dass ich gar nicht wusste, wie soll ich… umgehen.“*

Langsam tastet er sich an die überwältigenden Erinnerungen heran und gerät in eine schwere Krise.

> *„Das war ein Gefühl, ich hab nichts, woran ich mich halten kann, ich weiß überhaupt nicht mehr, wie es weitergeht, ich kann nicht mehr leben, ich verkrafte das alles nicht, ich glaube das auch gar nicht… es war wohl sexueller Missbrauch, nein, das ist was anderes. – Ganz widersprüchlich, ganz schwierig, ich habe diese Gefühle dann auch erst wieder versucht, wegzubunkern, weil ich damit nicht umgehen konnte.“*

Durch die immer zahlreicher auftauchenden Erinnerungen verstärken sich die posttraumatischen Belastungsstörungen, aber auch depressive und krisenhafte Einbrüche, verknüpft mit Drogenabusus und sexuellen Reinszenierungen. Trotz des verzweifelten Versuchs, seine Leistungsfähigkeit aufrechtzuerhalten, reißt es ihn immer wieder aus Studien- und Arbeitszusammenhängen:

> *„Mir wurde immer klarer, mein Gott… wie sieht deine Sexualität aus. Wie sieht deine Wohnung aus, wie lebst du eigentlich, warum bist du mit 33 Jahren immer noch auf so 'ner komischen Studibasis beschäftigt … was passiert hier eigentlich… das war sehr viel auf einmal, viele viele Fragen… Sie haben denn einen Wust von Problemen und Lebensaufgaben. Im vorgerückten Alter.“*

Schwierigkeiten mit Sexualität gehören zu den belastendsten Problematiken für Herrn Degan.

> *„Dass meine Mutter mich auch sexuell pervers gemacht hat und ich dadurch gebunden bin… das ist das Verletzendste und Schlimmste… bereits als Twen bekam ich Todesängste im Bett, Zitteranfälle, Schweißausbrüche… mit dem Wissen – ich komm hier lebend nicht mehr raus.“*

Durch den langjährigen Missbrauch erlebt er sich lange Zeit beim Geschlechtsverkehr in respektvoller Atmosphäre als nicht potent.

> *„Seit meinem 12. Lebensjahr habe ich diese perversen Phantasien… Sie sind in dem Gefängnis drin. Sie treffen keine anderen Leute. Sie sind einfach in einem Umfeld, wo sich meistens nichts anderes herstellt. Und Sie wissen nicht, wie kommen Sie in das andere, das normale Leben.“*

Als einzige Alternative dazu schildert er massiven Drogenmissbrauch und Selbstzerstörung.

Den Zugang zu seinen Gefühlen zu finden, sie kommen und gehen lassen zu können, ohne sie festhalten zu wollen oder von ihnen festgehalten zu werden – das könnte nach Meinung von Herrn Degan vielleicht eine Perspektive bieten. Der Umgang mit den negativen Gefühlen beinhaltet jedoch ein großes Risiko, wieder in die Destruktivität abzurutschen, was er bisher nicht erfolgreich zu bannen vermochte:

> *„Die Trauer, der Schmerz, der Zorn, die Wut, der Hass, ja, Vergeltungsbedürfnisse, Rachewünsche, die blanke Mordlust, der Wunsch, gewalttätig zu werden.“*

Kommunikation über die erfahrene Gewalt hält Herr Degan für sehr zentral. Eine seiner größten Sehnsüchte nach einer befriedigenden Beziehung mit einem Partner und einem stabilen Freundeskreis, der bereit ist, sich mit all diesen Dingen auseinander zu setzen, blieb bisher jedoch unerfüllt. *„Alleinsein damit,... wirklich, also das ist ganz schrecklich... diese Isolation, die man eh schon hatte, noch mal zu wiederholen."* Ein erster Schritt in eine positive Richtung gelingt ihm in einer kurzfristigen Urlaubsbekanntschaft mit einem Mann, der ihn sehr berührt hat: *„Ja, wenn ich mich wirklich geliebt fühle... jetzt, wo ich merkte, der meint das ernst, der hat mich gerne. Ja? Und ich fing, was nie so war, an zu weinen."*

Herr Degan bedauert, dass er die Gewalterfahrung letztlich von Kindheit an bis heute selbst bewältigen musste: *„Es war einfach niemand da, der mir was anderes gezeigt hätte."* Auch auf der Suche nach einer qualitativ guten professionellen Begleitung wird er sehr enttäuscht. *„Es war ein Kampf um die Wahrheit... eine Situation wie früher."*

Seine Hoffnung, bei einer Psychotherapeutin Verständnis und Fachlichkeit vorzufinden, erweist sich als Illusion. *„‚Aber inzwischen probieren Sie doch mal einen Dildo aus oder immer noch nicht... denn bei der Körperpflege wird Ihre Mutter sicherlich in irgendeiner Form auch Ihren Anus gepflegt haben, und das empfindet ein Säugling als sehr lustvoll'"*, zitiert Herr Degan seine Psychoanalytikerin. *„Das glaubte sie – ich nicht"*, empört er sich über diese antiquierten Fehldeutungen.

„In dem Augenblick, wo der Therapeut oder die Therapeutin sich aus welchen Gründen auch immer hilflos fühlt, wird auf den üblichen Deutungskanon und pädagogische Reserven zurückgegriffen", schließt er aus dieser Erfahrung, *„und das wütende, angriffslustige, vergeltungsbedürftige oder hoffnungslose Kind im Patienten, also die gebrochenen Anteile des wahren Selbst des Patienten, darf nicht anwesend sein."*

Nicht nur als Geschädigter, sondern tatsächlich als Partner der gemeinsamen Arbeit am Aufarbeitungsprozess betrachtet zu werden – und zwar auf der Basis eines Grundgefühls des Angenommenseins –, dies hat er bisher in keinem therapeutischen Setting erlebt. Dafür umso mehr Therapie als „Zusammenreißaufgabe". Erleichterung findet Herr Degan jedoch in einer Selbsthilfegruppe. Hier wurde seine Gewalterfahrung zum ersten Mal von anderen anerkannt – *„und das war ganz wichtig"*. Dennoch hat seiner Ansicht nach auch die Arbeit in der Selbsthilfegruppe Grenzen, da eine professionelle Begleitung, die über Engpässe und Hindernisse hinweghelfen könnte, nicht gegeben ist.

Alles in allem betrachtet, fühlt sich Herr Degan nach wie vor sehr allein mit der Aufarbeitung. Dennoch ist es ihm wichtig, sich nicht nur aus der Perspektive der Schädigungen heraus zu betrachten und betrachtet zu werden. Er möchte auch mit seinen Fähigkeiten und Ressourcen, die ihm das Überleben und Leben ermöglichen, wahrgenommen und geschätzt sein. Von den ihn umgebenden Menschen und der Gesellschaft würde er sich daher ein angemessenes Verständnis für Traumatisierte und ihre Lebensprobleme wünschen. Die vorherrschende Ignoranz entfaltet seiner Ansicht nach kein Klima, in dem Aufarbeitung stattfinden kann. Sich als Opfer sexueller Gewalt in der Gesellschaft nicht ständig individuell rechtfertigen zu müssen wäre bereits ein großer Schritt.

> *„Was für mich inzwischen sehr wichtig ist, ich stehe zu meiner Geschichte... wenn in der Gesellschaft dann mehr Verständnis dafür bestünde, das würde sehr helfen.“*

3.2.5 Frau Egner: „Die Aufarbeitung – die hab ich, glaube ich, selber gemacht“

Frau Egner ist 27 Jahre alt, lebt allein und studiert Slawistik und Literatur. Sie wuchs in einer Kleinstadt auf und hat einen um zwei Jahre älteren Bruder und eine sehr viel jüngere Halbschwester. Bis zur Scheidung der Eltern im Alter von sieben Jahren hielt sie sich bei den leiblichen Eltern auf, danach bei der Mutter und ihrem neuen Partner.

Die Übergriffe des Vaters erstreckten sich bis zum siebten Lebensjahr und umfassten Küsse, Berührungen im Genitalbereich und erzwungene Berührungen durch den Täter bis hin zu Vaginal- und Oralverkehr. Erst mit 26 Jahren wurden ihr die Gewalthandlungen bewusst. Mit Hilfe von viel Arbeit an sich und an ihrem Körper gelang es Frau Egner, vorerst einen Weg mit der Gewalterfahrung zu finden und ihr Leben und ihr Studium fortzusetzen.

Frau Egner schildert sich im Rückblick als sehr „braves“, unauffälliges Kind. Die Übergriffe hatte sie zu dieser Zeit völlig ausgeblendet: *„Es war einfach weg. Dieser Vater hatte das nie gemacht.“* Bis zur Ehescheidung der Eltern herrscht nach außen eine Fassade „heiler Familienwelt“:

> *„Es war nicht denkbar, dass so etwas in unserer Familie vorkommen könnte oder vorgekommen ist... also dieser Gedanke, dass ich sexuell missbraucht wurde... und dann obendrein noch von meinem Vater.“*

Situationen, in denen mögliche Berührungspunkte mit der Gewaltproblematik hätten drohen können, vermeidet Frau Egner über viele Jahre hinweg erfolgreich. Dennoch hat die sexuelle Gewalterfahrung ihr Leben grundlegend beeinflusst:

> *„Also das wirkt sich auf alle Lebensbereiche aus... das lässt sich gar nicht mehr genau trennen... was eigentlich Ich wäre, wenn das nicht passiert wäre. Es prägt mich total, einfach.“*

Implizit war die Gewalterfahrung für Frau Egner auch stets gegenwärtig. Das einst so „pflegeleichte Kind" wächst zu einer hochproblematischen Jugendlichen mit ausgeprägten Krisenzeiten, aggressiven Durchbrüchen und Drogenabusus heran. Niemand jedoch kann sich dieses „abweichende Verhalten" erklären, am wenigsten sie selbst.

> *„Ich hab ein ganz schlechtes Verhältnis zu meiner Vergangenheit… also das sind viele Jahre… und viele Sachen, die ich also wirklich eigentlich nicht erzählen möchte."*

Seit dieser Zeit quälen Frau Egner auch Suizidgedanken: *„Da kamen mir häufig solche Gedanken, die ich mir nicht ganz erklären konnte."*

Die Aufdeckung stürzt sie daher zunächst in ein „tiefes Loch". Unkontrollierbare Gefühle, Bilder und Träume bringen sie völlig durcheinander, ihr Leben gleicht einer Berg- und Talbahn. Starke physische und psychische Belastung und erhöhte Labilität und Nervosität prägen den Alltag. *„Ich glaube, dass es vielleicht ein bisschen viel war – so gedrängt in dem letzten Jahr."*

Auch die Suizidgefahr intensiviert sich nochmals: *„Ja, das ist auch wieder aufgetaucht, sehr intensiv… der Gedanke, der war scheinbar unglaublich reizvoll für mich, also weil, ich hab ständig mit diesem Gedanken gespielt."*

Zusätzlich dazu brechen die vom Täter eingegebenen Indoktrinationen auf. Intensive Scham- und Schuldgefühle und ein sehr schlechter Bezug zum eigenen Körper sind die Folge:

> *„Also ich habe auch kein Körpergefühl in den Jahren gehabt, also ich war dicker als heute und habe mich mit weiten Sachen angezogen, also ich glaube, es wäre sehr schrecklich gewesen für mich, wenn ich mich gefühlt hätte, als ob ich irgendeinen Mann reize. Das hat er mir auch… vermittelt… ein sehr schlechtes Verhältnis zu sexuellen Empfindungen… also so, dass ich eigentlich keine habe, muss ich sagen."*

Als Langzeitauswirkung kommt diese „Prägung" durch die sexuelle Gewalterfahrung bis heute in ihrem Beziehungsverhalten zum Ausdruck. Die Gefahr, nochmals in eine destruktive Beziehung zu geraten, bannt Frau Egner durch sozialen Rückzug. Der Preis dafür ist ihr jedoch schmerzlich bewusst:

> *„Ich bin 27 Jahre alt, und ich hatte bis heute keine feste Partnerbeziehung… ich habe dieses Beziehung-haben-Wollen, glaube ich, schon immer im Vorhinein ausgeklammert und habe versucht, eben alleine da was draus zu machen… und das führe ich direkt darauf zurück."*

Nachdem die Erinnerungen für sie klarer geworden sind, beginnt sie, mit anderen darüber zu sprechen. Sie konfrontiert den Täter in einem Telefonat, spricht mit der Mutter und dem Stiefvater, dem Bruder und einigen bewusst ausgewählten Freundinnen. Unterstützung für die unmittelbare Aufarbeitung können ihr jedoch nur einige wenige Freundinnen bieten. Die Konfrontation des Täters führt zum Kontaktabbruch. Er gesteht die sexuellen Übergriffe ihr gegenüber ein, nicht jedoch gegenüber dem familiären Umfeld.

> *„Ich habe mich sonst eben höchstens noch mit Freundinnen darüber unterhalten… das hat mir in jedem Fall geholfen… nicht mit vielen Freunden will man sich natürlich über so ein Thema unterhalten… aber mit denen das ging, das war sehr wichtig."*

Bewusst versucht sie sich mit den aufkommenden Bildern zu beschäftigen und einen Kontext zwischen diesen und ihrem bisherigen Lebensverlauf herzustellen.

> *„Ich wollte mich ja nicht selber belügen… um mir klar zu werden, woher das alles kommt… endlich die Zusammenhänge zu verstehen von den Problemen, auf die ich in all den Jahren gestoßen war."*

Heute sieht sie auch das jahrelange Tagebuchschreiben als „Selbsttherapie" an, die ihr das ganze Leben über kontinuierlich eine Stütze bot und bietet, obwohl ihr das lange nicht bewusst war.

Im Lauf der Zeit erfährt sie auch erste Verbesserungen durch die regelmäßige Arbeit mit ihrem Körper. So geht sie beispielsweise zum Yoga, das sie in diesem Kontext für besonders geeignet hält, und achtet mehr auf ihre Gesundheit:

> *„Ich glaube, ich habe in der letzten Zeit viel mehr Körperbewusstsein entwickelt, und körperliche Spannungen sind frei geworden… und ich hatte dann im letzten Jahr das Gefühl, als hätte sich irgendwie so ein Knoten gelöst, der durch meinen Körper ging… das Yoga war da schon sehr wichtig."*

Parallel dazu versucht sie, sich mit Hilfe von Literatur über das Thema zu informieren und über Verständnisprozesse einen Umgang damit zu finden. Mit Hilfe dieser selbstorganisierten Maßnahmen hat sie sich so weit stabilisiert, dass sie den Alltag und das Studium bewältigen kann. Die Therapie dagegen bricht Frau Egner nach sechs Probesitzungen ab. Sie ist von der Erfahrung in mehrfacher Hinsicht sehr enttäuscht und resümiert: *„Thera-*

pie kommt für mich, glaube ich, wirklich nicht in Frage, jetzt nicht – und ich kann mir auch fast nicht vorstellen, in Zukunft."

Allein schon das Setting erscheint ihr künstlich und konstruiert: *„Mitgefühl von jemandem zu erkaufen"* kommt ihr fragwürdig vor. Die kategorische Ablehnung professioneller Hilfe ist jedoch auch geprägt von den Erfahrungen, die Frau Egner im direkten Kontakt mit der Beratungs- und Therapieszene gemacht hat:

> *„Ich habe die Therapie damals abgebrochen, weil ich mit der betreffenden Therapeutin nicht weiter Therapie machen wollte... Sie hat mir in der sechsten Sitzung gesagt, dass sie mir nicht glauben könnte, dass ich sexuell missbraucht wurde. Ich hatte in den Wochen zuvor montags morgens Punkt neun Uhr bei ihr vor der Tür gestanden, habe schon angefangen zu heulen, noch bevor ich einen Satz gesagt hatte... und dann sagte sie mir in der sechsten Sitzung so was. Das war das Letzte, was ich gebrauchen konnte."*

Die schlechte Erfahrung in der Therapie setzt sich bei der Suche nach einer anderen Therapeutin fort. Ein diesbezügliches Beratungsgespräch endet nach weniger als einer Viertelstunde mit der Übergabe eines veralteten Adressenordners:

> *„Beratung, so nannte sich das, deshalb hatten wir ja auch einen eigenen Termin ausgemacht, das waren dann fünf Minuten, danach kam noch jemand anderes in den Raum, also das ist also wirklich schlecht gewesen."*

Nach der gescheiterten Therapie- und Beratungserfahrung zieht Frau Egner für sich den Schluss, mit der Dynamik des Aufdeckungsprozesses – abgesehen von den wenigen Kontakten zu Freundinnen – allein klarkommen zu müssen. Der Besuch einer Selbsthilfegruppe stellt eine gewisse Unterstützung dar, dennoch sieht sie sich letztlich in der Verarbeitung der sexuellen Gewalterfahrung auf sich selbst gestellt. Eine wichtige Ausnahme macht für sie hier das Buch „Trotz allem": *„Da hat man wirklich das Gefühl, da hat jemand was verstanden."*

Indem sie die Auseinandersetzung mit der sexuellen Gewalterfahrung im Alleingang betreibt, hat Frau Egner jedoch aus der Not eine Tugend gemacht. Bei einiger Anerkennung für sich selbst schwingt in ihrer Erzählung auch Enttäuschung und Trauer mit, nicht mehr Unterstützung gehabt zu haben.

> *„Ich denke mal... das mit sich selber lösen hat eine gute und eine schlechte Seite... also wenn ich wählen könnte, dann würde ich mir*

wünschen, für so eine Krise nicht so viel auf mich alleine gestellt zu sein. Das würde ich niemandem empfehlen.“

3.3 Erfahrungen der Klientinnen und Klienten mit dem professionellen Umfeld

Die Erfahrungen der befragten Klientinnen und Klienten zeigen für Opfer komplexer Traumatisierung gravierende Lücken im psychosozialen Hilfenetz auf. In keinem der Fälle wurde das Helfersystem seiner Aufgabe gerecht, während Kindheit und Jugend auf den Missbrauch angemessen zu reagieren. Die Befragten berichten im Rückblick auf ihre Kindheit und Jugend sowohl von blinden Flecken im Hilfesystem als auch von aktiv verweigerter Hilfeleistung. Selbst bei Klinikaufenthalten und im Rahmen ambulanter Maßnahmen wurde die zugrunde liegende Problematik nicht erkannt, sondern als pubertärer Konflikt klassifiziert und in die Verantwortung der Familie zurückverortet. Die wenigen „schützenden Inselerfahrungen“ in ihrem Leben durch positive und unterstützende Begegnungen schildern die Klientinnen und Klienten jedoch als überaus wichtig für die Bewältigung der sexuellen Gewalterlebnisse.

Auch im Erwachsenenalter gestaltet sich der Zugang zu beraterischen und therapeutischen Angeboten für die Betroffenen schwierig. Diejenigen, denen das Hilfenetz aufgrund ihrer beruflichen Erfahrungen vertraut ist, bilden dabei eine Ausnahme. So sah sich noch vor wenigen Jahren Herr Degan in seiner Therapie mit der Frage konfrontiert: *„Wie soll denn eine Frau einen Säugling missbrauchen?“* Nicht unerwähnt bleiben sollte an dieser Stelle jedoch, dass trotz der schlechten Erfahrungen der Rat an andere Betroffene lautet, sich nicht ohne adäquate professionelle Unterstützung durch die Gewalterfahrung zu arbeiten. So resümiert Frau Egner ihr Alleingelassensein: *„Also, ich war mit Sicherheit ein bisschen zu viel auf mich selber gestellt.“*

In der Beurteilung ihrer Therapieerfahrungen tauchen bei den Klientinnen und Klienten zahlreiche thematische Übereinstimmungen auf. Alle Befragten betonen die große Bedeutung spezifischer Fachkompetenz zum Thema sexuelle Gewalt – zu ihrer Dynamik, ihren Auswirkungen und ihrer Bewältigung. Unwissenheit und Unerfahrenheit führen nach ihren Erfahrungen zur Unterlassung wichtiger Hilfestellung oder gar zu pathologisierenden, retraumatisierenden Interventionen. Die Erfahrungsberichte belegen entwertende therapietheoretische Dogmen, an der Realität vorbeigehende psychiatrische Diagnosen sowie eine generelle Ignoranz gegenüber dem Thema – *„ein Kampf um die Wahrheit“*, erzählt Herr Degan, *„eine Situation wie früher“*. Heute erklärt sich Herr Degan dieses Verhalten mit uneingestandener Hilflosigkeit der Therapeutinnen und Therapeuten.

Besondere Bedeutung für das Gelingen einer Therapie messen die Betroffenen der therapeutischen Beziehung bei. Als zentrale Qualität beschreiben sie ein Grundgefühl des Angenommenseins, *„einfach dass jemand an Sie glaubt"*. Die Beziehung zum / zur Therapeuten / -in stellt demnach aus der Sicht der Betroffenen eine grundlegende Voraussetzung für die Überwindung des erlittenen Vertrauensverlustes dar. Ein tragfähiges therapeutisches Arbeitsbündnis erfordert ihrer Erfahrung nach eine empathische, machtsensible Atmosphäre, in der auch der Therapeut oder die Therapeutin sich auf einen aufrichtigen Dialog einlässt und unmittelbare Menschlichkeit verkörpert. Die Erlebnisse der Klientinnen und Klienten weisen dagegen auf eine starke Verbreitung machtträchtiger, theoretisch fixierter und deutungsintensiver Orientierungen in den therapeutischen Begegnungen hin:

> *„Ich hatte... den Eindruck, dass da... ein ganz bestimmtes Schema war"*, sagt Frau Cirillo, *„alles, was davon abwich, durfte, sollte nicht sein."*

In eine ähnliche Richtung gehen die Erfahrungen der Betroffenen, wenn sie über verschiedene Therapiemethoden und -techniken sprechen. Sie betonen dabei die Bedeutung der Integration kognitiver, erlebnis-, emotions- wie auch körperorientierter Techniken und die Problematik einseitiger Herangehensweisen. Therapeutische Techniken sollten aus ihrer Sicht nicht „nach Belieben" des / der behandelnden Therapeuten / -in, sondern personzentriert, situationsadäquat und prozessangemessen eingesetzt werden – sowie mit großer Vorsicht vor Überforderung: *„Es gibt einfach viele Leute, die machen Experimente"*, sagt Herr Belgard.

Diese Forderung bekommt nochmals Nachdruck, wenn man geschlechtsspezifische Aspekte in die Überlegungen einbezieht. Im therapeutischen Setting profitieren die Männer in erster Linie von der konzentrierten Arbeit an den Emotionen, die Frauen hingegen von der Arbeit an den Kognitionen, wobei beide Geschlechter die Wichtigkeit behutsamer Körperarbeit betonen (Gahleitner 2003).

Auch das konstruktive Zusammenwirken von Gruppenzusammenhängen und Einzelbehandlungen wird positiv erwähnt. Die Chance, die die Teilnahme an Selbsthilfegruppen eröffnet, wird von den Klientinnen und Klienten, die diesen Weg gegangen sind, positiv hervorgehoben. *„Das war ganz wichtig, dass ich dort respektiert und angenommen wurde"*, sagt Herr Degan, der ansonsten vom professionellen Hilfesystem schwer enttäuscht ist. Oftmals ermöglicht die Arbeit in den Selbsthilfegruppen auch erst eine spätere Weiterbearbeitung der Themen in einem professionell angeleiteten Einzel- oder Gruppenkontext, wie die Erfahrungen von Frau Cirillo aufzeigen.

Die derzeitigen Regelungen des psychotherapeutischen Versorgungssystems mit seinen festgelegten Therapieverfahren erschweren allerdings nach Ansicht der Betroffenen ein flexibles Vorgehen, welches den einzelfallorientierten und situationsangemessenen Anforderungen gerecht werden könnte. Richtlinienverfahren und die Unmöglichkeit, eine Therapeutin beziehungsweise einen Therapeuten außerhalb dieser Therapierichtungen zu finanzieren, so berichtet Herr Degan, treibe Betroffene durch einen undurchdringlichen Psychotherapie-Dschungel voller schlechter Erfahrungen.

Die Unzufriedenheit der Klientinnen und Klienten mit den Regelungen der Krankenkassen weist auch darauf hin, dass bei Überlegungen zu adäquaten professionellen Antworten auf sexuelle Gewalt der gesellschaftliche Hintergrund einzubeziehen ist, der dem therapeutischen Vorgehen und den Interventionen zugrunde liegt. Dieser Hintergrund spielt eine bedeutende, für Betroffene subjektiv spürbare Rolle im Verarbeitungsprozess.

Sexuelle Gewalt wird nach Meinung der Klientinnen und Klienten zu wenig thematisiert: Es fehle vor allem an einem für die Aufarbeitung förderlichen gesellschaftlichen Klima sowie an angemessenen Antworten der Gesellschaft auf diese Problematik. Die Realität sexueller Gewalt muss ernst genommen und ausgehalten werden, auch und insbesondere von Professionellen: „*Die müssen wissen…, wie fühlt sich denn so ein Leben wirklich hier innen an*“, fordert Herr Degan. Dass das Thema angemessen an die Öffentlichkeit vermittelt wird, ist Betroffenen sexualisierter Gewalt ein großes Anliegen.

Anhand der Aussagen wird deutlich, dass der professionelle Umgang mit der Problematik der Verarbeitung sexueller Gewalt deutlich hinter den Erwartungen der Betroffenen zurückbleibt. Die kritische Würdigung der bestehenden professionellen Angebote durch die Klientinnen und Klienten lässt sich in sieben Thesen zusammenfassen:

1. Dem gesellschaftlichen Umgang mit sexuellen Traumata kommt eine wichtige Bedeutung für den Verarbeitungsprozess zu. In der Arbeit mit sexuellen Gewaltopfern ist daher eine reflektiert-parteiliche, engagierte Grundhaltung erforderlich.
2. Für eine adäquate Intervention und Behandlung sexueller Gewalt im sozialen Nahraum ist spezifisches Fachwissen eine absolut notwendige Voraussetzung.
3. Als Antwort auf den traumatischen Vertrauensmissbrauch ist die therapeutische und beraterische Beziehung von grundlegender Bedeutung.
4. Als Kontrapunkt zum erfolgten traumatischen Machtmissbrauch ist für eine fruchtbare Zusammenarbeit eine machtsensible, empathische und dialogische Grundhaltung des/der Therapeuten/-in erforderlich.
5. Im Sinne eines einzelfallorientierten, prozess- und situationsadäquaten

Vorgehens ist eine Integration verschiedener Therapieverfahren monomethodischem Vorgehen vorzuziehen. Retraumatisierungen ist dabei vorzubeugen.

6. Eine erfolgreiche Bearbeitung der erfahrenen Gewalt erfordert eine Berücksichtigung geschlechtsspezifischer Aspekte im therapeutischen Vorgehen.
7. Selbsthilfe- und Gruppenzusammenhänge haben einen bedeutsamen Anteil am Bewältigungsprozess.

4 Die therapeutische Beziehung in der Behandlung sexuell traumatisierter Klientinnen und Klienten

„Wir als Therapeuten können nicht ungeschehen machen, was Opfern durch die Missbrauchenden angetan wurde. Wir können jedoch einen Kontext bereitstellen, der sich von der Missbrauchssituation grundlegend unterscheidet, einen Kontext, in dem wir jemanden dabei unterstützen, zu sich selbst zu finden."

(Roth/Batson 1997, 44; Übers. d. A.)

Zieht man aus den Erfahrungsberichten der Klientinnen und Klienten in Kapitel 3 zusammenfassend Schlüsse für die beraterische und therapeutische Praxis, so lassen sich die Forderungen in zwei Kernbereiche verdichten. Klientinnen und Klienten wünschen sich demnach eine Psychotherapie und Beratung,

- die der Bedeutung des gesellschaftlichen Umgangs mit sexuellen Traumata Rechnung trägt und Fachwissen zur Problematik voraussetzt;
- in der die therapeutische Beziehung die Hauptachse des Therapieprozesses darstellt und personzentriert, situations- und prozessspezifisch und nicht verfahrensorientiert vorgegangen wird.

Im Folgenden sollen handlungsrelevante Vorschläge zu diesen beiden Aspekten der therapeutischen Begleitung früh sexuell traumatisierter Klientinnen und Klienten erläutert werden – eingebettet in die praktischen Erfahrungen in einer sozialtherapeutischen Einrichtung für adoleszente Mädchen.

4.1 Therapie im Kontext: Traumaspezifisches Fachwissen im Konzept einer sozialtherapeutischen Einrichtung

Kenntnisse zu Psychotraumatologie beziehungsweise sexueller Traumatisierung in der Kindheit gehören nach wie vor nicht zu den regulären Ausbildungsinhalten für Psychotherapeuten/-innen. In den letzten Jahren haben jedoch Vertreter und Vertreterinnen einzelner Verfahren ihr Vorgehen anhand von Fallbeispielen sexueller Gewalt erläutert und in Fachartikeln und Monographien publiziert (Amann/Wipplinger 1998 a). Im angloamerikanischen Raum wurden darüber hinaus missbrauchsspezifische Behandlungsansätze entwickelt: Sie stellen psychotherapeutische Integrationsversuche dar, die aus den Folgen sexueller Gewalt hergeleitet und auf den Prozess und die Ziele in der Behandlung fokussiert sind. Ein umfassendes Verständnis für die Problematik, eine „traumaspezifische Behandlungsphilosophie", wird dabei als entscheidende Voraussetzung für einen erfolgreichen Therapieprozess angesehen (Briere 1996; Roth/Batson 1997).

Auch in Deutschland ist eine Entwicklung von methoden- hin zu „störungszentrierten" Behandlungsformen zu verzeichnen, jedoch verbunden mit einer Tendenz zur Manualisierung. Diese Form der Zentrierung auf vereinheitlichende „Paketlösungen" (Hermer 2000, 14) birgt die Gefahr, der therapeutischen Beziehung sowie den Bemühungen um ein Verständnis der Biographie der Klientinnen und Klienten und ihrer individuellen Probleme und Ressourcen im Weg zu stehen. Dies wird auch von Betroffenen deutlich abgelehnt, zumal im Falle sexueller Gewalterfahrung nicht von „Störung", sondern von „Traumatisierung" gesprochen werden muss. Wie ist es also möglich, vor dem Hintergrund missbrauchsspezifischer Kenntnisse problemadäquat zu arbeiten, dabei jedoch eine einseitige „Störungsorientierung" zu vermeiden?

Einen wichtigen Ansatzpunkt, den Kontext nicht aus den Augen zu verlieren, bietet hier die Berücksichtigung des häufig destruktiven gesellschaftlichen Umgangs mit sexuellen Traumata, auf den die befragten Klientinnen und Klienten hingewiesen haben.

4.1.1 Reflektierte Parteilichkeit

Der gesellschaftliche Hintergrund spielt eine wichtige Rolle bei der Bewältigung sexueller Gewalt. Mythen um sexuellen Missbrauch verzerren die Realität sowohl für die öffentliche Meinung als auch für die Betroffenen selbst. Sexueller Missbrauch ist nicht nur als individuelles Schicksal, sondern als komplexes gesellschaftliches Phänomen zu begreifen. Die Auswirkungen sexueller Übergriffe, wie es häufig geschieht, als individuelle Psychopathologie zu kategorisieren, für deren Verarbeitung die Opfer selbst verantwortlich sind, stigmatisiert Überlebende von Gewalttaten und fügt ihnen erneutes Unrecht zu (Rommelspacher 1989).

Dies ist deshalb von so großer Bedeutung, weil die Anpassung an den Missbrauch mit der emotionalen Verstrickung in Schuldgefühle für Kinder häufig zunächst die einzige Möglichkeit darstellt, die traumatische Situation zu überleben. Die Opfer verinnerlichen Stigmatisierungen, was von zahlreichen Tätern und Täterinnen als Strategie genutzt wird (s. Kapitel 1.2.4). Erst die Erkenntnis, ohne eigene Schuld und Verantwortung missbraucht worden zu sein, kann zur Auflösung dieser verzerrten Wahrnehmung führen. Die Anerkennung der pathogenen Wirkung des Traumas hat daher für sexuell missbrauchte Klientinnen und Klienten eine ganz besondere Bedeutung. Die Einordnung ihrer angstmachenden Symptome als normale Reaktionsfolge auf ein unnatürliches Ereignis entlastet sie von der Angst, verrückt oder verachtungswürdig zu sein.

Psychotherapie spielt in diesem Prozess eine entscheidende Rolle. Ein tieferes Verständnis für das Phänomen sexueller Gewalt und ihrer tiefen Verletzung der Vertrauens- und Beziehungsfähigkeit ermöglicht dem/r Therapeuten/-in, den Klientinnen und Klienten die zerstörerische Wirkung früher sexueller Erfahrungen zugänglich zu machen. Quälende Fragen können – wenn sie sich auch nicht erübrigen – hier beantwortet werden:

> „*Ich werde im nächsten Jahr 40*", sagt Herr Degan bitter, „*wo kann ich hingehen und sagen: Hier, gib mir meine 39 Jahre? Wo ist meine Teenagerzeit geblieben? Wo ist meine erste Liebe geblieben?... Wo ist die Entfaltung meiner... Persönlichkeit geblieben. Wo ist das ganze Geld, was ich hätte schon verdienen können... das meine ich nicht spießig, das ist wirklich so... wenn Sie über Jahre hinweg also nicht vernünftig arbeiten können, hat das Auswirkungen bis zum Ende Ihres Lebens. Wo ist das alles? Wer gibt mir das wieder?*"

Diese so genannte „Missbrauchserkenntnis" (Birck 2001, 53) therapeutisch zu unterstützen erfordert eine reflektierte politisch-therapeutische Parteilichkeit für die Opfer. Herr Degan beschreibt den Prozess des Gewahrwerdens, missbraucht worden zu sein, sehr anschaulich. Er empfindet große Teile seines Lebens als davon zerstört: „*der Perversion meiner Mutter und der Unfähigkeit meines Vaters geopfert.*"

Die Erfahrungen von Herrn Degan verweisen jedoch auch auf das Unverständnis, mit welchem praktizierende Kollegen und Kolleginnen auf sexuelle Gewalterfahrung reagieren können. Seine Psychotherapeutin lehnt es strikt ab, auf seine Bilder und Erinnerungen einzugehen, und hält an der psychoanalytischen Fehldeutung, die sexuellen Berührungen hätten einem Kind Lust zu bereiten, fest. Missdeutungen, wie sie Herrn Degan in der Psychotherapie widerfahren sind, wären auf der Basis eines fachlich reflektierten Selbstverständnisses nicht möglich gewesen (s. Kapitel 3.2.4). „*Wenn in der Gesellschaft dann mehr Verständnis dafür bestünde*", resümiert er aus dieser Erfahrung, „*das würde sehr helfen.*"

Eine sichere und solidarische Umgebung ist also Voraussetzung für die Bewältigung komplexer Traumata. Auf dieser Basis einer „reflektierten Parteilichkeit" für Traumatisierte kann eine problemadäquate Behandlung der

Klientinnen und Klienten aufbauen. Fachspezifisches Wissen über die in Kapitel 1 geschilderten Hintergründe, Auswirkungen und Bewältigungsstrategien sowie der Kenntnis der inzwischen zahlreich veröffentlichten 3-stufigen Behandlungsansätze (s. Kapitel 1.3.3) sind dabei von großer Bedeutung.

Im Folgenden soll ein Modell vorgestellt werden, das gemäß den neueren Erkenntnissen der Psychotraumatologie in einer stationären sozialtherapeutischen Einrichtung für Mädchen mit früher Traumatisierung und Bindungsunsicherheit angewandt wird. Anhand des dortigen Konzeptes lassen sich die wesentlichen Punkte einer problemorientierten Behandlung praxisnah nachvollziehen.

4.1.2 Beziehungsorientierung als Basis

Die sozialtherapeutische Mädchenwohngruppe im Zwischenraum zwischen Jugendhilfe und Psychiatrie richtet ihr Angebot an Mädchen und junge Frauen, deren Entwicklung beim Verbleib in der Herkunftsfamilie nicht sichergestellt werden kann. Die Einrichtung war ehemals spezialisiert auf (sexuelle) Gewalterfahrung und wird zumeist in diesem Kontext belegt, in den letzten Jahren jedoch zunehmend auch mit Mädchen mit Borderlineproblematiken und frühen Bindungsstörungen. Die Einrichtung begegnet der Situation ihrer Klientinnen mit einem sozialtherapeutischen Konzept.

Dies bedeutet für das multiprofessionelle, gemischtgeschlechtliche Team, ein therapeutisches Milieu zu etablieren, in dem sozialarbeiterische Unterstützung, sozialpädagogisches Handeln und psychotherapeutisches Verstehen im Lebensalltag miteinander in Einklang zu bringen sind. Die Mitarbeiterinnen und Mitarbeiter sind Psychologen/-innen, Sozialpädagogen/-innen beziehungsweise Sozialarbeiter/-innen, eine Kinder- und Jugendlichenpsychotherapeutin, eine Ergo- und Kreativtherapeutin sowie eine Erzieherin. Alle verfügen über therapeutische Zusatzqualifikationen. Dies ermöglicht eine fruchtbare interdisziplinäre Zusammenarbeit.

Wie in Kapitel 1 deutlich wurde, führt frühe sexuelle Gewalterfahrung zu einer sozial verursachten komplexen psychosozialen „Störung". Es empfiehlt sich daher – insbesondere bei Kindern und Jugendlichen –, der Problematik auf psychosozialer Ebene und unter Berücksichtigung des Gesamtkontextes sozialtherapeutisch zu begegnen: im Falle ambulanter Betreuung unter Einbezug des bestehenden sozialen Umfeldes, im Falle stationärer Behandlung durch engmaschige Vernetzung personzentrierter, umfeldorientierter und sozialstruktureller Aufgaben. Dies erfordert ein bio-psycho-soziales Behandlungskonzept mit flexiblen Methodiken und Techniken (Butollo/Gavranidou 1999).

Als Grundvoraussetzung für jede Veränderung gilt in der Einrichtung daher die Etablierung eines Mindestmaßes an Sicherheit und vertrauensvoller Bindung. Nachdem die äußere Sicherheit durch die Trennung der Jugendlichen von der Traumatisierungsquelle hergestellt ist – im günstigen Fall durch die Zusammenarbeit mit schützenden Familienangehörigen, im ungünstigen durch gänzliche Herausnahme und strikte Fremdunterbringung –, beginnt die häufig mühsame und störungsanfällige Bindungsarbeit.

Die Bindungsarbeit erfolgt auf zwei Ebenen: erstens auf der Alltagsebene, hier entweder durch die Unterstützung der erschütterten Beziehungen zu schützenden Eltern- und Bezugspersonen und/oder durch die Etablierung einer stationären Bezugsbetreuung, und zweitens auf der psychotherapeutischen Ebene durch das Angebot einer tragfähigen therapeutischen Beziehung. In enger Vernetzung machen die Angebote zwei unterschiedliche Ebenen von Beziehungsräumen möglich: eine klar strukturierte und nach außen orientierte Alltagsbeziehung und eine nach innen orientierte, Raum gebende, bindungsstabilisierende Beziehung. Beide eröffnen gleichermaßen Alternativerfahrungen zu ehemals traumatisierenden Personen – sowohl in Bezug auf das Angebot von Schutz und Fürsorge als auch auf den verantwortungsvollen Umgang mit Grenzen.

Dies setzt die Fähigkeit voraus, im Kontakt zu sein, ohne das Gefühl für die eigenen Grenzen zu verlieren, engagiert zu sein, ohne sich in Involviertheit zu verstricken. Diese Form des Arbeitens – „partielles Engagement" und „selektive Offenheit" (Orth/Petzold 1996, 118) – hat sich aus der „mutuellen Analyse" Ferenczis entwickelt und eignet sich besonders gut für den Umgang mit traumatisierten Menschen. Therapeutinnen und Therapeuten müssen dafür situations- und indikationsspezifisch flexibel sein, um mit den Klientinnen und Klienten eine angemessene und gemeinsame Form von Beziehung zu finden (Ferenczi 1933/1972; Garbe 1998).

Im einem geschützten psychotherapeutischen Setting kann auf dieser Basis nach der Beziehungsaufnahme, von der im nächsten Unterkapitel nochmals die Rede sein wird, die Anamnese erfolgen. Im Sinne einer bio-psycho-sozialen, mehrdimensionalen Diagnostik sind hier neben der phänomenologischen Psychodiagnostik eine biographische, entwicklungsorientierte Diagnostik, eine soziale und Lebensweltdiagnostik sowie eine ausführliche Ressourcenanalyse hilfreich, um daraus einen indikationsspezifischen Behandlungsplan zu entwickeln (Gahleitner 2004b). Dafür eignen sich Explorationsverfahren der integrativen Therapie wie beispielsweise das Lebenspanorama, das soziale Netzwerkinventar oder die fünf Säulen der Identität (Petzold et al. 2000).

Danach wird indikationsspezifisch mit ressourcenorientierten Stressbewältigungstechniken begonnen (insbesondere Praktiken des Angstabbaus und der Selbstkontrolle), um den Umgang mit bedrohlich überflutenden Gefühlen zu erlernen und zunehmend innere Sicherheit zu gewinnen. Diese Stabilisierungsarbeit kann im fortgeschrittenen Stadium und nach einer erfolgreichen Beziehungsaufnahme an vielen Stellen von mehreren Umfeldpersonen unterstützt werden: durch die konkrete Übung der erlernten Stabilisierungstechniken oder durch die Nutzung zusätzlicher beschäftigungstherapeutischer Angebote wie beispielsweise sportliche Aktivitäten und Selbstbehauptungstrainings. Die Etablierung von Stabilität ist Voraussetzung für den Aufbau des erschütterten Kontrollvermögens und für zielgerichtetes Handeln im Alltag, jedoch auch für die Bereitschaft zum Einlassen auf einen weiter gehenden Aufarbeitungsprozess (Reddemann 2001).

4.1.3 Personzentriertes, prozessorientiertes Vorgehen

Erst nach Erlangen eines ausreichenden Maßes an äußerer und innerer Sicherheit und Stabilität können Versuche unterstützt werden, sich mit den traumatischen Erlebnissen auseinander zu setzen. Die Erfahrung zeigt hier, dass die Kombination verschiedener Verfahren auf der Basis einer positiven therapeutischen Beziehung und ausreichenden Wissens über einen situationsangemessenen Einsatz spezifischer Techniken die beste Voraussetzung für das gute Gelingen eines therapeutischen Prozesses darstellt.

Die Einrichtung arbeitet daher nach einem integrativtherapeutischen Traumakonzept, welches auf der Grundlage einer humanistischen Grundhaltung tiefenpsychologisches Verstehen und verhaltenstherapeutische, gestalttherapeutische, psychodramatische und körperorientierte Techniken miteinander verbindet. Ziel sind „vitale Evidenzerfahrungen" als Synergieeffekte körperlichen Erlebens, emotionaler Erfahrung, rationaler Einsicht und sozialer Bedeutsamkeit (Garbe 1993, 1998).

Dabei muss sehr behutsam vorgegangen werden. Für Traumatisierte war es über lange Zeit hinweg funktioneller, nicht über die traumatische Erfahrung nachzudenken und sie nicht zu fühlen. Die traumatische Erfahrung kognitiv und emotional zu restrukturieren und wieder Verantwortung für sich und das weitere Leben zu übernehmen ist daher ein langer und mühsamer Weg (Butollo et al. 1999).

Auch hier geht es um eine enge Verzahnung der sozialarbeiterischen, sozialpädagogischen und psychotherapeutischen Aufgaben. Während der Zeit der Aufarbeitung kommt es beispielsweise häufig zu einer Labilisierung, die bis in den Alltag hineinreichen kann. Sozialarbeit und Sozialpädagogik müssen hier unterstützend tätig werden, um die notwendige Entlastung für den therapeutischen Prozess zu bieten.

Andererseits muss das therapeutische Vorgehen in Rücksicht auf zentrale Alltags- und Entwicklungsaufgaben der Jugendlichen stattfinden und für Kriseninterventionen außerhalb der Psychotherapieeinheiten zur Verfügung stehen. Die therapeutische Begleitung der Aufarbeitung sollte also eingebettet in den sozialpädagogischen Alltag erfolgen, die sozialpädagogische Arbeit beziehungsweise Erziehungsaufgaben der Eltern wiederum in Rücksicht auf den Aufarbeitungsprozess der Jugendlichen.

Frühe Traumaerfahrungen sind häufig fragmentiert und auf der sensomotorischen Ebene gespeichert. Als Ziel therapeutischer Traumaarbeit formulieren Reddemann und Sachsse (2000) daher eine Integration der defragmentierten Kognitionen, Affekte, Bilder und Körpersensationen. Dies spiegelt das Erleben der befragten Klientinnen und Klienten wider, die die Berücksichtigung sowohl kognitiver als auch emotionszentrierter sowie körperorientierter Techniken im therapeutischen Prozess als hilfreich und notwendig erlebt haben. Die einzelnen Aspekte dieses Aufarbeitungsprozesses sollen im Folgenden näher erläutert werden.

Traumatisierte Jugendliche begegnen dem Leben und sich selbst mit Einstellungen und Erwartungen, die sie durch die Umwelt erfahren haben. Negative Internalisierungen wie beispielsweise erlernte Hilflosigkeit führen zu einer selektiven Wahrnehmung und vernichten den Glauben, mit dem eigenen Verhalten etwas bewirken zu können. Neben altersgerechter Psychoedukation über die Dynamik der Traumatisierung und die Klärung der Verantwortungsübernahme für das Geschehene verhelfen kognitivtherapeutische Techniken dazu, dysfunktionale Persönlichkeits- und Denkstrukturen aufzulösen und durch neue, realitätsgerechte Haltungen zu ersetzen.

Zielsetzung ist die Entwicklung individueller Stärke und eine konstruktive Übernahme der Verantwortung – *nicht* für die Erfahrungen selbst, aber für den Umgang damit und so für das eigene Leben und das auf die Zukunft ausgerichtete Verhalten. So wird ein Bewusstsein für die Gefahr von Grenzüberschreitung geschaffen, individuelle Stärke betont und einer Stigmatisierung sowie Reviktimisierung vorgebeugt. Hier kann das soziale Umfeld beziehungsweise sozialpädagogische Team die psychotherapeutische Arbeit mittragen, indem es die parteiliche Haltung auch im Alltag pädagogisch und administrativ unterstützt und negative Attributionen korrigiert, beispielsweise eine unangemessene Schuldübernahme zurechtrückt, unangemessene Ängste abbauen hilft und Ähnliches.

Traumatisierung geschieht häufig im vorsprachlichen oder sprachlosen Raum. Wichtige Aspekte des Heilungsprozesses für Jugendliche sind daher, Ausdruck und Worte für das Geschehene zu finden und auf spielerische und künstlerische Art und Weise ressourcenorientiert Erfahrungen zu machen. Mit kreativen Medien beziehungsweise in Spielsituationen können im geschützten therapeutischen Setting mit viel Umsicht verschiedenste Ebenen des Ausdrucks „angesprochen“ und von den Jugendlichen im kreativen Selbstausdruck integriert werden. Auch moderne Traumaexpositionsverfahren können hier ihren Einsatz finden. Allerdings birgt diese Arbeit an Emotionen in der Traumatherapie große Gefahren. Dies gilt in vergleichbarer Weise für Körperarbeit (s. Kapitel 4.1.4).

Der Abschnitt der emotionalen Restrukturierung und intensiven, wenn auch sehr vorsichtigen Arbeit an tiefen Verletzungen und Traumatisierungen benötigt einerseits ein von der Alltagswelt deutlich getrenntes und stark geschütztes Setting, welches jedoch vom Gesamtsystem durch interdisziplinäre Absprachen getragen werden muss. Die Fortschritte ebenso wie die jeweilige Belastbarkeit der Jugendlichen sollten gut mit den jeweiligen Betreuungspersonen rückgekoppelt werden.

Andererseits müssen sozialpädagogische und sozialarbeiterische Tätigkeiten in dieser Phase stützend zur Verfügung stehen. Der Zuwachs an Einblick in und Kontrolle über ihre eigenen Gefühle und Erfahrungen ermutigt Jugendliche dann früher oder später auch auf der Interaktions- und Handlungsebene zur Übernahme von Verantwortung.

In der letzten Phase geht es auf dieser Basis um eine möglichst vollständige Rückkehr in den Alltag. Unter den neu erarbeiteten Bedingungen ist nun eine Besinnung auf die individuellen Fähigkeiten und Grenzen für die Lebensgestaltung wichtig. Die Integration des Traumas ermöglicht eine Distanzierung von der Opferrolle und eine verstärkte Zuwendung zu aktuellen Lebens- und Alltagsthemen. Die Verantwortung für das eigene Leben zu übernehmen und neue Perspektiven für sich und in Interaktion mit anderen zu erschließen kann und muss wiederum in enger interdisziplinärer Arbeit stattfinden und auf die jeweils anstehenden Entwicklungsaufgaben ausgerichtet sein.

In dieser Phase hat Psychotherapie die Aufgabe der Unterstützung und „Zuarbeit“ zur Sozialarbeit und Sozialpädagogik beziehungsweise Erziehungsarbeit der Eltern, indem sie alltagsrelevante Themen und Zielsetzungen verfolgt. Am Ende dieses Zeitraums geht es bereits um die Vorbereitung des Abschieds aus der Einrichtung.

Die Abschiedsphase erfordert nochmals ganz besondere Aufmerksamkeit, weil sich in ihr Beziehungs- und andere Konflikte erneut aktualisieren können. Die Einrichtung bemüht sich daher um die Möglichkeit einer Nachbetreuung für einen Übergangszeitraum, in dem die jungen Frauen in das Leben in der eigenen Wohnung begleitet werden. Auch danach sind weiterhin lockere Kontakte und Besuche der Frauen in der Einrichtung möglich, die die aufgenommenen Beziehungen auf einer freiwilligen Basis aufrechterhalten.

Über den gesamten Prozess hinweg, insbesondere jedoch in der Phase der Aufarbeitung, ist es von großer Bedeutung, dass schützende Eltern- oder Umfeldpersonen ebenfalls ein Angebot erhalten, um mit den Reaktionen und wechselnden Stabilitäten der Jugendlichen angemessen und stützend umgehen zu können. Die Arbeit bezieht sich dabei sowohl auf ein Verständnis für die Situation der Jugendlichen als auch auf den Umgang mit den Anforderungen und Problemlagen, denen Elternteile sich gegenübersehen. Selbst die Vernetzung in multiprofessionellen Teams ist hier Schwierigkeiten in der Zusammenarbeit ausgesetzt. Die psychische Destabilisierung durch die Traumazentrierung ist im Alltag häufig schwer zu integrieren und verursacht Zweifel an der Durchführbarkeit des Aufarbeitungsgeschehens.

Die Integration des Umfeldes in den Aufarbeitungsprozess unterstützt die Arbeit mit den Jugendlichen daher wirksam und beugt prophylaktisch Reviktimisierung und sekundärer Traumatisierung vor. Die Umfeldarbeit wird personell von der Betroffenenarbeit getrennt, findet jedoch ebenfalls in enger Vernetzung statt, um anstehende Themen miteinander abstimmen zu können und die Entwicklung gemeinsam zu gestalten.

Das Konzept macht anschaulich, von welch zentraler Bedeutung die Zusammenarbeit der verschiedenen Aufgabenfelder ist, um ein sozialtherapeutisches Milieu herzustellen und aufrechtzuerhalten, in dem eine erfolgreiche Traumabehandlung stattfinden kann. Diese engmaschige Vernetzung erfährt bei jedem Einzelfall eine individuelle Ausgestaltung. Es versteht sich daher von selbst, dass der geschilderte Prozess in seiner Darstellung idealtypisch und nicht immer in die Praxis umsetzbar ist.

Bei anhaltender sehr früher Traumatisierung ist die psychische Desintegration häufig so stark ausgeprägt, dass jahrelang um die Etablierung von Sicherheit und angemessenes Bindungsverhalten gerungen werden muss und eine weiter gehende Arbeit unmöglich ist. Oftmals sind Jugendliche auch so sehr von ihren Entwicklungsaufgaben gefordert, dass keinerlei Raum für Aufarbeitungsprozesse besteht und lediglich stützend und beratend gearbeitet werden kann. Der verantwortungsvolle Umgang mit diesem „Aufdeckungsraum“ gehört daher mit zu den Kernaufgaben der fachkompetenten Begleitung von Traumaopfern.

4.1.4 Das „therapeutische Fenster“

Der bereits erwähnte amerikanische Psychiater und Psychotherapeut Briere (1997) spricht zur Verdeutlichung der Dimension dieser Frage in der Traumatherapie von einem „therapeutischen Fenster“, das in einem ausgewiesenen Schutzraum angemessen geöffnet oder aber geschlossen werden muss, da es sonst leicht zu Überflutungen, Überforderungen und Schädigung der Klientinnen und Klienten kommen kann. Die Einschätzung sollte dabei keineswegs immer den Betroffenen überlassen werden. Briere unterscheidet in diesem Zusammenhang „unterstützende“ von „aufdeckenden“ Interventionen.

Dabei spielt die aktuelle Lebenssituation und Persönlichkeitsstruktur der Klientinnen und Klienten eine entscheidende Rolle. In Zeiten aktueller Lebenskrisen oder besonderer Anforderungen ist die Exploration des Traumas in ruhigere und sicherere Phasen zu verschieben. Für eine angemessene

Vorgehensweise müssen daher die psychosoziale und physische Situation, der dissoziative und affektive Status sowie der jeweilige Stand im Verarbeitungs- und Therapieprozess erhoben werden. Bei starker Dissoziation und Emotionsüberflutung empfiehlt sich ein strukturiertes, übungszentriertes Vorgehen. Wahlloses Aufdecken von Erinnerungen, isoliertes kathartisches Abreagieren oder die Wiederholung pathologischer Beziehungsmuster können zu Retraumatisierungen führen. Eine Aufarbeitung traumatischer Erfahrung auf Kosten der Alltagsfähigkeit und unter Vernachlässigung zentraler Entwicklungsaufgaben ist zu vermeiden.

Die wesentlichste Voraussetzung dafür besteht darin, als Psychotherapeut/-in einen sicheren Beziehungsrahmen bereitzustellen, in dem eine Wiederannäherung an das Trauma überhaupt möglich ist (Herman 1992). Auf der Basis eines guten und funktionierenden Rapports wird es erst möglich, Entscheidungen darüber zu treffen, ob im Prozess der Aufdeckung und Bearbeitung des Traumas vorangeschritten werden kann oder man sich weiter um Stabilität und Sicherheit bemühen muss.

Erst auf dem Boden einer tragfähigen therapeutischen Beziehung, nach Internalisierung und ausreichend guter Beziehungserfahrung, genügend entwickelten Ich-Stärken und einem stabilen Abwehrsystem, sollte mit der Rekonstruktion des sexuellen Traumas begonnen werden. Meist setzen die Klientinnen und Klienten selbst Zeichen der Bereitschaft für die Bearbeitung des Traumas. Dies kann trotz größter Sorgfalt zu einer Labilisierung führen, die aufmerksam beobachtet werden sollte und die eventuell weitere Phasen der Stabilisierung und Reorganisation erfordert.

Eine solche Vorgehensweise macht eventuell den Einsatz traumafokussierender Verfahren überflüssig, da die Inhalte im Prozess dort auftauchen, wo sie auch für die Klientinnen und Klienten zu bewältigen sind. Die tiefe Vertrauensbasis und neu gewonnene Sicherheit in der Bindung zum/r Therapeuten/-in ermöglichen den Betroffenen die Eröffnung traumarelevanter Inhalte ganz von selbst. Man kann also auf dem Boden einer tragfähigen Beziehung durchaus auf die in der klientenzentrierten Therapie bereits seit jeher herausgearbeitete Selbstaktualisierungstendenz vertrauen.

Eine zu frühe Exposition mit nicht selbst gewählten Traumainhalten kann sich dagegen schädlich auswirken (Briere 1997). Ein Fallbeispiel aus der geschilderten Einrichtung soll verdeutlichen, wie mit selbst gewählten Traumainhalten konstruktiv gearbeitet werden kann.

4.1.5 Fallbeispiel: Cornelia

Cornelia war bei der Aufnahme in die Einrichtung 18 Jahre alt. Ihre Eltern trennten sich bereits kurz nach ihrer Geburt. Die Kinder blieben bei der Mutter und dem späteren Stiefvater, der gegenüber den beiden Stiefkindern autoritär und körperlich gewalttätig auftrat und Cornelia ab dem Grundschulalter regelmäßig zunächst in Form von Berührungen sexuell missbrauchte, bald jedoch regelmäßig vergewaltigte. Kontakte mit dem leiblichen Vater fanden zunächst nur sporadisch, später dann häufiger und verbindlicher statt.

Mit dem 18. Lebensjahr suchte Cornelia Zuflucht bei ihrem Vater und eröffnete ihm die körperlichen und sexuellen Gewalthandlungen. Der Vater bestand auf einer Anzeige. Der Stiefvater leugnete die sexuellen Übergriffe, die Mutter wandte sich von Cornelia ab. Cornelia wohnte danach übergangsweise bei ihrem Vater. Dieser war jedoch trotz seines engagierten Umgangs mit der Problematik durch die plötzliche Nähe der Tochter nach den vielen schmerzhaften Trennungsjahren überfordert und wandte sich an eine Fachberatungsstelle, die sie schließlich in unsere Einrichtung vermittelte. Das Vertrauen des Mädchens war daraufhin auf der einen Seite durch das Erlebnis, ernst genommen zu werden, gestärkt, auf der anderen Seite aber durch die erneute Erfahrung, nicht ausgehalten worden zu sein, auch erschüttert.

Am Beginn unserer Zusammenarbeit, der gemeinsam von Cornelias Bezugsbetreuerin, mir als Psychotherapeutin und ihr selbst beschlossen wurde, fand eine detaillierte Übergabe der bisherigen Beratungsarbeit und der bis dahin aufgedeckten Fakten bezüglich der Misshandlungen an mich statt. Therapien im Zeitraum eines laufenden Gerichtsprozesses sind ein schwieriges Unterfangen. Man gerät leicht in einen Zwiespalt zwischen Therapie und Ermittlung, in dem die Aufdeckung nicht ausschließlich nach genesungsorientierten Gesichtspunkten verläuft. Der Prozess ist höchst belastend und bedeutungsvoll für das Opfer und greift daher massiv in den Heilungsverlauf ein. Eine klare Aufteilung der verschiedenen Professionen des Hilfenetzes auf die jeweils anfallenden Aufgaben (Rechtsbereich, Prozessbegleitung, administrative Unterstützung, Betreuung, Therapie) ist hier von größter Bedeutung. Diese Aufteilung muss auch für die Betroffenen verständlich gemacht werden, so dass sie mit Verantwortung übernehmen können und nicht in Überschneidungen geraten. Zu diesem Zweck fanden im Falle von Cornelia mehrere Vernetzungstreffen und -gespräche statt.

Als Eingangsthemen formulierte Cornelia den Abschied von der vorherigen Beratungsstelle, psychosomatische Beschwerden und Abgrenzungsschwierigkeiten. Die Beziehungsaufnahme erfolgte aufgrund ihrer großen Therapiemotivation zunächst relativ unkompliziert. Bald jedoch wurde deutlich, dass Grenzsetzungen jeder Art von ihr als starke Zurückweisungen erlebt wurden, die ihr Vertrauen auf eine schwere Probe stellten. Körperliche Nähe als begrenzbar, Beziehungen als belastbar sowie Konflikte als lösbar zu erleben und Grenzen zu akzeptieren und zu etablieren wurde daher zu einem ersten großen Themenbereich. Dieser erforderte in der Übertragung auf das Gruppengeschehen der Einrichtung immer wieder

Arbeit. Der Abschied von der Beratungsstelle und die damit bei Cornelia verbundenen Ängste, die Gruppensituation in der Einrichtung sowie mein Umgang mit ihrem Bedürfnis nach körperlicher Nähe boten dafür jeweils auf verschiedenen Arbeitsebenen gute Beispiele.

Daraufhin erst konnte die eigentliche Stabilisierungsarbeit für die Traumaexposition begonnen werden, für die andererseits die wichtigste Voraussetzung, nämlich die stabile therapeutische Beziehungsaufnahme, bereits gelegt war. Ich begann mit traumatherapeutischen Techniken wie dem sicheren Ort für überflutende Gedanken und Zustände und der Eröffnung eines Tresors als sicherem Aufbewahrungsort für Briefe, Gedichte und Bilder, in denen Cornelia ihre belastenden Erinnerungen unter der Woche ausdrücken konnte. Einfache Übungen zum Angstabbau und zur Selbstkontrolle stellten die Aufdeckung der Gewaltthematik dennoch weiterhin in den Hintergrund. Manche der Techniken wurden an das Betreuungsteam und die Kreativtherapeutin weitergegeben. Sie kümmerten sich während der restlichen Woche um die Umsetzung von konkreten Maßnahmen in Krisensituationen, beispielsweise im Umgang mit den massiven Kopfschmerzattacken. Auch „Verschreibungen“ wie körperliche Bewegung und das Niederschreiben von Gedanken und Gefühlen wurden so eher verwirklicht.

Einen nächsten Schritt stellte die konzentrierte Auseinandersetzung mit wechselnden psychosomatischen Erscheinungen dar, die in Belastungssituationen zu Kreislaufzusammenbrüchen und Kopfschmerzattacken eskalierten und einige Wochen lang eine Arbeit auf allen Ebenen blockierten. Nach einer ausführlichen medizinischen Abklärung durch die Bezugsbetreuung gelang es Schritt für Schritt, ein Bewusstsein dafür zu entwickeln, welche Funktion den Somatisierungen zukam und in welchem Kontext diese zu früheren Gewaltübergriffen standen. Manche der Beschwerden verringerten sich daraufhin, sie stellten jedoch weiterhin einen wichtigen Anzeiger für Belastungs- und Überforderungssituationen dar. Allmählich gelang es Cornelia, den Belastungen bewusste Schonung entgegenzusetzen und auf anderen Ebenen den Körper, zum Beispiel durch sportliche Bemühungen, angemessener zu fordern. Auch in diesen Schritten erhielt sie viel Unterstützung vom sozialpädagogisch-kreativtherapeutischen Team.

Auf die Arbeit am Körperbewusstsein folgte ein längerer Prozess stabilisierender Identitätsarbeit unter Einsatz von Masken, Phantasiereisen entlang selbstgeschaffener Bilder und anderer therapeutischer Medien. Cornelia gelang es hierbei erstaunlich gut, sich selbst und ihre Phantasien darzustellen. Bei der Übertragung in die Realität jedoch scheiterte sie an negativen Gefühlen und Attributionen, die ihr den Weg zu einer Annäherung an die eigenen Wünsche versperrten. Die Arbeit mit ihr geriet auf der therapeutischen Ebene in eine gewisse Flaute. Nichts schien sich zu bewegen, der Prozess stagnierte.

Hier erwies sich die zu jener Zeit erfolgreiche sozialpädagogische alltags- und ausbildungsorientierte Intervention als hilfreich. Durch die Anerkennung, die sie insbesondere in der praktischen Arbeit erhielt, und die zeitliche Vereinnahmung durch Prüfungen und Jahresabschlusstätigkeiten gelang ihr auch im therapeutischen Kontext wieder eine Öffnung für positive Identitätsaspekte.

In der Sommerpause danach geriet sie jedoch in eine tiefe Krise. Die Identitätsstabilisierung durch die Ausbildung brach unter ihr zusammen, und alte Grübeleien, depressive Tendenzen und Suizidgedanken bereiteten ihr eine krisengeschüttelte Zeit. In enger Zusammenarbeit mit dem sozialpädagogischen und kreativtherapeutischen Team gelang es nach einiger Zeit, Cornelia aus der Versenkung hervorzuholen und durch sportliche, künstlerische und andere Aktivitäten in Bewegung zu bringen.

Seit diesem „Rückfall“ hat die Therapiemotivation von Cornelia weiter zugenommen. Traumatische Inhalte und Beziehungskonstellationen konnten langsam stärker thematisiert werden, ohne von drastischer Dramatik begleitet zu sein. Nun öffnete sich das „therapeutische Fenster“, und es waren auch traumaaufarbeitende Einheiten möglich. In der darauffolgenden Woche erhielt ich dabei von der Bezugsbetreuung und Kreativtherapeutin eine Rückmeldung, wie es Cornelia in den Tagen nach der Therapiestunde im Alltag ergangen war, um die weitere Arbeit darauf abzustimmen. Bis zu diesem Zeitpunkt waren alle Briefe und Aussagen des Mädchens, die traumarelevante Inhalte enthielten, zunächst mit ihr gemeinsam am sicheren Ort im Therapiezimmer „verwahrt“ und „aufgehoben“ worden.

Das Spektrum an Techniken zum Angstabbau und gegen Schlafstörungen wurde parallel dazu ständig erweitert. Es konnte zusätzlich mit einem Repertoire von körperorientierten Entspannungsübungen angereichert werden, die zuvor ein Zuviel an Risiko bargen, traumatisches Material zu evozieren. Die Arbeit an der Identitätsstabilisierung wurde daneben fortgesetzt. So installierte beispielsweise die Kreativtherapeutin ein Selbstbehauptungstraining als feste Gruppenaktivität, das sich sehr positiv auf den Umgang mit der Gewaltbelastung auswirkte. Auch der Umgang mit dem eigenen Körper und den stark wechselnden Schmerzen verbesserte sich deutlich.

Die folgenden Ferien überstand Cornelia ohne tiefere Krisen und Zusammenbrüche. In der Ausbildung verzeichnete sie zunehmend Erfolge. Trotz der positiven Entwicklung befanden wir uns letztlich immer noch am Beginn der Aufbearbeitungsphase. Die Zeit um den Gerichtsprozess unterlag einer unabsehbaren Dynamik, die den Therapieprozess stark prägte und beeinflusste. Dennoch hatte sich zu diesem Zeitpunkt in der Arbeit mit Cornelia bereits eine Basis etabliert, die Schritte – und Rückschritte – beinhaltete und einen sozial eingebetteten Prozessverlauf und Ausbildungsanschluss ermöglichte.

Nach Abschluss des sehr anstrengenden Gerichtsprozesses mit all seinen Implikationen von Glaubwürdigkeitsprüfungen, Darlegen der einzelnen sexuellen Übergriffe und Ähnlichem öffnete sich für Cornelia durch die Erleichterung über den eindeutigen Ausgang und das umfassende Geständnis des Täters ein weiteres „therapeutisches Fenster" für die Aufdeckung. Zu diesem Zeitpunkt jedoch stand bereits der Auszug aus der Einrichtung an, so dass die einzelnen Sequenzen und Bearbeitungsmöglichkeiten in einer sorgfältigen Übergabe mit der weiterführenden Psychotherapeutin besprochen wurden, zu der der Beziehungsaufbau diesmal relativ unkompliziert und schnell verlief.

Die enge Vernetzung zwischen Therapie, Sozialpädagogik und Sozialarbeit half Cornelia, die therapeutische Arbeit mit dem anstrengenden Lebensalltag in Einklang zu bringen. Cornelia hat inzwischen ihre Ausbildung abgeschlossen und wohnt in einer eigenen Wohnung. Sie behielt eine Bezugsperson aus der Einrichtung für einige Stunden in der Woche als sozialpädagogische Begleitung, um einen kontinuierlichen Übergang zu ermöglichen. Zudem ist sie nach wie vor häufig zu Besuch bei den verbliebenen Mädchen der Einrichtung und hält auch mit dem Betreuungsteam lockeren Kontakt.

Der weitere Verlauf wird zeigen, wie groß der Anteil an traumatischer Belastung ist, den Cornelia in der weiterführenden Therapie aufarbeiten kann, und was an „traumatischem Gepäck" sie mit in ihr weiteres Leben nimmt, um sich auf dieser Basis möglicherweise später erneut einer Auseinandersetzung damit zu stellen.

An diesem Beispiel wird bereits deutlich, welch große Bedeutung bindungstheoretische Kenntnisse insbesondere für die Arbeit in der Eingangsphase, jedoch auch im gesamten sozialtherapeutischen Prozess besitzen. Auf das Primat der therapeutischen Beziehung in der Arbeit mit sexuell traumatisierten Kindern, Jugendlichen und Erwachsenen soll daher im abschließenden Kapitel des Buches anhand weiterer Praxisbeispiele nochmals ausführlich eingegangen werden.

4.2 Die therapeutische Beziehung als Alternativerfahrung zum traumatischen Vertrauensmissbrauch

> „Für den Aufbau einer sicheren therapeutischen Beziehung ist eine enorme Feinfühligkeit des Therapeuten notwendig, weil die Patienten sich mit allen Symptomen von bizarren Bindungsmustern bis hin zur psychopathologischen Ausprägung der Bindungsstörungen in die therapeutische Beziehung einbringen. Ist der Therapeut mit den Bindungsmustern und ihren Störungen sowie deren Ursachen vertraut, kann er entsprechend bindungsorientiert darauf eingehen." *(Brisch 2003, 121)*

Bei traumatisierten Klientinnen und Klienten ist das innere Arbeitsmodell von Bindung erschüttert, fragmentiert und desorientiert beziehungsweise zerstört (s. Kapitel 1.2 und 2.1). Insbesondere Traumaopfer kommen daher in einer tiefen Beziehungsverunsicherung in die psychotherapeutische Behandlung, sofern sie den Weg dorthin überhaupt gefunden haben.

So schildern auch die befragten Klientinnen und Klienten den erlebten Vertrauens- und Machtmissbrauch als Kernbereich ihrer sexuellen Traumatisierung. Als Korrektiv dazu sehen sie die Beziehungsfähigkeit des/der Therapeuten/-in als wichtigste Schlüsselqualifikation an. Die Beziehungsfähigkeit muss ihrer Ansicht nach durch eine aufrichtige, empathische und dialogische Grundhaltung gekennzeichnet sein. Herr Degan beispielsweise verurteilt aufgrund seiner negativen Erfahrungen jede Psychotherapie, die im Hinblick auf die Beziehungsgestaltung keine Alternativerfahrung darstellt, zum Scheitern (s. Kapitel 3.2.4). Auch für Frau Albant, Herrn Belgard und Frau Cirillo spielt die tragfähige Beziehung in der Therapie eine primäre Rolle. Herr Belgard berichtet, dass er sich nur auf dieser Grundlage seinen Verletzungen und (Selbst-)Zerstörungstendenzen zuwenden konnte.

Bindungstheoretisch interessant ist auch Frau Albants Erfahrung, dass sie bei der Therapiesuche bereits von der Ursprungsbeziehung zur Großmutter profitierte und sich auf dieser Basis auf professionelle Hilfe gut einlassen konnte. Es ist daher durchaus sinnvoll, die Therapieerfahrungen der fünf Betroffenen auch unter dem Blickwinkel ihrer frühen Bindungserfahrungen zu betrachten. Insbesondere Frau Albant und Herr Belgard schildern neben dem vorherrschenden Gewaltsystem bereits positive Bindungspersonen in der Kindheit beziehungsweise Jugend, die ihnen offenbar eine Basis für spätere professionelle Angebote bereitstellten. Auf einer schlechten Bindungsbasis dagegen ist die Gefahr besonders groß, dass sich negative Erfahrungen in der Therapie wiederholen, wie am Beispiel von Frau Egner und Herrn Degan deutlich wird.

Als eine der ersten Traumatherapeutinnen im Gewaltbereich widmete sich Herman (1992) ausführlich der herausragenden Bedeutung einer „heilsamen Beziehung". Auch nach den Ergebnissen moderner Psychotherapieforschung gilt die therapeutische Beziehung als stärkster allgemeiner Wirkfaktor (Orlinsky et al. 1994). „Die Psychotherapieforschung zeigt konsistente Zusammenhänge zwischen der Qualität der therapeutischen Bindung und dem Therapieerfolg." (Brisch 1999,94) Als auslösende Faktoren für die Herstellung und Aufrechterhaltung der therapeutischen Bindung werden die „unausgesprochene Affektabstimmung" zwischen Patient und Therapeut sowie das „affektive Klima" für bedeutungsvoll gehalten (Brisch 1999, 94).

Obwohl sich die Psychotherapieverfahren in den letzten Jahren in der Umsetzungspraxis aufeinander zu bewegen, haben die verschiedenen Schulen bindungstheoretische und psychotraumatologische Aspekte ursprünglich auf sehr unterschiedliche Weise ausgearbeitet und berücksichtigt. Dies kam auch in den Berichten der befragten Klienten und Klientinnen zum Ausdruck, denen in Therapie und Beratung teilweise noch klassische, theoretisch fixierte Rahmenbedingungen begegneten (s. Kapitel 3).

4.2.1 Ein Blick in verschiedene therapeutische Schulen

Von den Psychotherapieverfahren hat vor allem die klientenzentrierte Psychotherapie das Beziehungsangebot von Beginn an als zentrales methodisches Konzept ausformuliert. Die therapeutische Beziehung wird vom Therapeuten beziehungsweise der Therapeutin aktiv hergestellt, ist von Empathie, Wertschätzung und Kongruenz geprägt und wirkt als korrigierende Beziehungserfahrung. Über das empathische und akzeptierende Verstehen soll es Klientinnen und Klienten möglich werden, ihr inneres Erleben zu aktualisieren, zu thematisieren und sich selbst besser zu verstehen (Rogers 1957, 1959/1987, 1967).

Die klientenzentrierte Psychotherapie „erschöpft sich also keineswegs im ‚Widerspiegeln von Gefühlen'" (Auckenthaler/Helle 2002, 151), verzichtet jedoch auf Deutungen und Bewertungen. Dies fördert den Aufbau der Autonomie und des Selbstkonzeptes, auf deren Basis sich traumarelevanten Gefühlen, die als Inkongruenzerfahrungen verstanden werden, zugewendet werden kann. Ziel ist, die traumatische Erfahrung zu symbolisieren und in das Selbstkonzept zu integrieren (Biermann-Ratjen 2003). Ebenso ist die prozess-erlebnisorientierte Psychotherapie, eine Verbindung von klientenzentrierter und Gestalttherapie, stets in eine tragfähige therapeutische Beziehung eingebunden (Greenberg/Paivio 1997).

Auch die Gestalttherapie basiert auf der grundlegenden Bedeutung der therapeutischen Beziehung. Nach Bubers existenzieller Beziehungsphilosophie geschieht „Heilung" in erster Linie durch das „dialogische Prinzip", durch aufrichtige Begegnung und Intersubjektivität (Butollo et al. 1998). Dabei kann es jedoch auch nötig sein, die fehlende Sicherheit der Klientinnen und Klienten, insbesondere zu Beginn der Traumatherapie, mit einem Hilfs-Ich zu substituieren und korrigierende emotionale Erfahrungen bereitzustellen. Übertragungsphänomene werden dabei reflektiert, im Sinne einer Einsicht in traumatische Fixierungen jedoch so bald wie möglich aufgelöst. Die therapeutisch hergestellte Bindungssicherheit ist dabei Voraussetzung für innere Sicherheit und damit zentrale Basis für den Therapieerfolg (Garbe 1998).

Die zentrale Stellung, die die beiden therapeutischen Schulen der Beziehungsgestaltung einräumen, hat fundamentale Bedeutung für die therapeutische Begleitung sexuell traumatisierter Klienten und Klientinnen. Es lohnt sich daher, in ihre jeweiligen Besonderheiten, Berührungspunkte und Unterschiede näheren Einblick zu nehmen und sie auf ihre Bedeutung für die Traumatherapie hin zu untersuchen. Besonders geeignet dafür ist meines Erachtens der 1957 geführte Dialog zwischen Rogers und Buber (van Balen 1992).

Als Kern therapeutischen Handelns formulierte Rogers ursprünglich allein die wachstumsfördernde therapeutische Beziehung. Das „Heilende" der Beziehung beruhte seiner Ansicht nach zunächst vorrangig auf der empathischen Grundhaltung, die Räume zur Selbstentfaltung eröffnet. Neben die akzeptierende Grundhaltung tritt für Rogers einige Jahre später die Kongruenz im Sinne der Aufrichtigkeit zwischen Klient und Therapeut.

Setzt man die von Rogers zu Beginn formulierte Grundhaltung der Wertschätzung und Empathie in Bezug zu der in Kapitel 1.2.2 beschriebenen Erschütterung des Selbstkonzeptes und dem massiven Vertrauensverlust, so wird die „heilsame" Komponente dieser tragenden Haltung in ihrer Bedeutung für die Traumatherapie deutlich. *„Einfach dass jemand an Sie glaubt"*, formuliert dies Herr Belgard (s. Kapitel 3.3). Auch die Forderung nach Authentizität und Kongruenz, die Rogers einige Jahre später postuliert, hat besondere Bedeutung für Traumaopfer. Sexuell Traumatisierte haben so viel „Missbrauch" und Täuschung durch den Täter beziehungsweise die Täterin erfahren, dass sie über eine hohe Sensibilität für Inkongruenzen verfügen (s. Kapitel 1.2).

Durch die Begegnung mit Buber fand bei Rogers die Bedeutung der Gegenseitigkeit Eingang in die therapeutische Beziehung: „eine wirkliche Begegnung von Menschen, die gleichermassen als gegenseitig erlebt wird" (Rogers/Buber 1957/1960, 12, Übers. d. A.). Der wechselseitige Charakter der therapeutischen Beziehung gewinnt daraufhin immer mehr an Bedeutung. Das beinhaltet, dass Klienten und Klientinnen nicht nur spüren, wie es ist, sich begriffen und akzeptiert zu fühlen, sondern auch, wie es ist, einem anderen gegenüber offen zu sein (van Balen 1992).

Dieser wechselseitige Dialog, so Rogers und Buber, erweitert das Selbst und ermöglicht eine Öffnung auf der Basis echter Begegnung. Die Aufgabe des/der Therapeuten/-in ist es, sich auf diese Unmittelbarkeit einzulassen. Der echte Dialog ist ein Austausch, der auf Gegenseitigkeit zielt, auf verstehende Konfrontation, auf Verwirklichung der Möglichkeiten des Einzelnen in der jeweiligen Beziehung. Psychotherapie ist demnach ein Vorgang, der nicht nur eine Persönlichkeitsentwicklung des Klienten beziehungsweise der Klientin fördert, sondern der auch eine entsprechende Entwicklung der Person des Therapeuten oder der Therapeutin „erfordert" (Schmid 2002). Aus der durch die Traumatisierung häufig hervorgebrachten negativen Übertragung der Klienten und Klientinnen kann so Stück für Stück aufrichtige Begegnung und Beziehung werden (Orth/Petzold 1996).

Zentral für Traumatisierte am dialogischen Prinzip ist die aufrichtige menschliche Begegnung als Alternativerfahrung zur Traumasituation. *Die Beziehung* an und für sich *wird zur Therapie*. Die gegenseitige Offenheit in der Begegnung beugt dem Missbrauch von Machtverhältnissen vor oder macht sie zumindest thematisierbar. Theoretisch fixierte Deutungen oder direktive „Zusammenreißaufgaben", wie Herr Degan seine Erfahrungen schildert, stellen keine Korrekturmöglichkeit zur vorherigen Gewalterfahrung dar, sondern perpetuieren diese eher. Therapeuten und Therapeutinnen, die in übermäßiger Art und Weise eigene Vorstellungen und Probleme am Klientel abarbeiten, die eine aufrichtige menschliche Begegnung verhindern und keine qualifizierte Beziehungsarbeit leisten, tragen daher eher zur Verschlechterung als zur Verbesserung bei. Dies betont auch Frau Cirillo.

Herr Degan fordert die dialogische Dimension sogar explizit ein. Er bezieht sich zwar zunächst auf private Kontakte, als er seinen Wunsch formuliert, „*dass jemand sich mir zeigt, wie er ist…, ein ganz starkes Bedürfnis nach offenen Gesprächen, also… dass man austauscht… akzeptiert werden*", bezieht den Wunsch nach Gegenseitigkeit und Transparenz aber auch auf die therapeutische Beziehung:

> „*Und er muss, das würde ich mir sehr wünschen, auch mal zugeben können, ‚so, im Moment – ich weiß nicht weiter'. Dann ist es nämlich ein Mensch, und da hab ich nichts gegen. Man kann sogar sagen, wenn wir noch nicht so weit sind, dann lass uns doch gemeinsam, … Patient und Therapeut, gucken, was passiert. Was können wir machen?*"

Professionalität, in diesem Falle traumaspezifische Fachkenntnisse und Erfahrungen, stehen dazu nicht im Widerspruch, sondern ermöglichen und erweitern das problemorientierte Verständnis und Hintergrundwissen, um Klienten und Klientinnen „dort zu begegnen, wo sie sich in der Bindungsproblematik befinden". Denn bei aller Gegenseitigkeit ist der/die Therapeut/-in in der Pflicht, die Betroffenen mit ihrem therapeutischen Beziehungsangebot zu erreichen, eine Hilfestellung anzubieten, wo eigene Bindungsstrukturen noch nicht greifen können. „*Ich denke, Verarbeitung oder Heilung hat viele Abschnitte, Wegesabschnitte. Aber es gibt mindestens einen, den man nicht alleine machen kann*", sagt Frau Albant in Bezug auf die therapeutische Unterstützung, die ihr zuteil wurde (s. Kapitel 3.2.1).

Das heißt, der/die Therapeut/-in ist „im Sinne der Bindungstheorie für das Reparieren und das Anknüpfen an die unterbrochene Kommunikation zuständig" (Döring 2004, 196). Beziehungsorientierte Traumatherapie setzt damit genau an dem Punkt wieder an, an dem die durch Menschenhand verursachte Traumatisierung ihre Zerstörung angerichtet hat, nämlich an dem Beziehungsthema. Denn als zentrales Thema der Schädigung durch das erlittene Trauma schildern alle sexuellen Gewaltopfer den fundamentalen Verlust des Vertrauens in sich und in andere Menschen.

> „Personzentrierte Therapie beginnt mit der Begegnung des Therapeuten. Er begegnet dem Klienten und versucht zu verstehen, was ihm dieser zu verstehen gibt, was dieser zeigt. Die Beziehung bewegt sich dann in Richtung auf eine wechselseitige personale Begegnung, die sie in der Therapie im Idealfall auch erreicht, dann, wenn auch der Klient gelernt hat, die Haltung der Begegnung dem Therapeuten gegenüber einzunehmen – auch wenn es oft nur in Ansätzen während der Therapie dazu kommen wird.“ *(Schmid 2002)*

Die Psychoanalyse als Ausgangspunkt aller psychotherapeutischen Grundorientierungen hat sich von Beginn an intensiv mit Selbst- und Objektrepräsentanzen als verinnerlichten Beziehungserfahrungen auseinander gesetzt. In dem Versuch, im therapeutischen Prozess emotionale Beziehungen mit signifikanten Personen und deren Abbildung im intrapsychischen und interpersonellen Kontext zu verstehen, dienen Übertragungsphänomene als zentrales Konzept. Nach der klassischen Vorgehensweise muss sich das Trauma allerdings in der Übertragung in allen Details reinszenieren, um erneut durchgearbeitet werden zu können (Kernberg 1999). Dies widerspricht der Einschätzung vieler – auch psychoanalytischer – Traumatherapeutinnen und Traumatherapeuten, die die therapeutische Beziehung durch die Reinszenierung des Traumas für gefährdet halten.

In moderneren traumatherapeutisch-tiefenpsychologisch fundierten Konzepten wird das Übertragungs- und Gegenübertragungsgeschehen daher zwar aufmerksam verfolgt, jedoch insbesondere zu Beginn der Therapie dialogisch aufgelöst oder aber in einen imaginären Raum ausgelagert und stützend und Struktur gebend gearbeitet (Reddemann/Sachsse 1999; Hirsch 1998). Noch heute ist dieser Konflikt um den Fokus der Behandlung in der Psychoanalyse nicht abgeschlossen. Fischer (2000) spricht von einer „optimalen Differenz“ (108ff) zwischen Arbeitsbündnis und Übertragungsbeziehung, welche eine traumagerechte dialektische Vorgehensweise innerhalb der Psychoanalyse kennzeichne.

Bereits Ferenczi (1933/1972) hatte die Dimension der Gegenseitigkeit mit dem Konzept der „mutuellen Analyse“ in ihrer Wichtigkeit für die Behandlung traumatisierter Kinder betont und war darüber in Konflikt mit Freud geraten. Diskussionen um Abstinenz und eine objektivistische Übertragungshaltung im Gegensatz zu intersubjektiven Konzepten der Psychoanalyse, die den Analytiker als Teil des therapeutischen Systems verstehen, wie sie insbesondere in paar- und familientherapeutischen Schulen gelehrt und praktiziert werden, haben bis heute kein befriedigendes Ende gefunden (Bettighofer 1998). Es ist jedoch insgesamt eine Bewegung zu verzeichnen, in der sich die Psychoanalyse in den letzten Jahren zunehmend beziehungsanalytischen Aspekten geöffnet hat, die therapeutische Beziehung als „dialektische Begegnung" verstanden wird und Konflikte im „geschützten Beziehungsraum" (Bauriedl 2001, 1174f) emanzipatorisch bearbeitet werden können.

Als dialogisch kann auch verhaltenstherapeutisches Vorgehen betrachtet werden, bei dem gemeinsam Erklärungsmuster erarbeitet werden, die zur Selbstkontrolle verhelfen. Sie sind insbesondere in kognitiven Ansätzen zur Verhaltenstherapie sexueller Missbrauchsopfer beschrieben worden (Amann/Wipplinger 1998b). Die therapeutische Beziehung stand jedoch in der Verhaltenstherapie ursprünglich nicht im Vordergrund, sondern wurde lange als „Instrument", „Hilfskonstrukt" oder „positiver Verstärker" im durchstrukturierten Therapieprozess betrachtet. Es zeigt sich jedoch, dass häufig insbesondere kognitive Verhaltenstherapeuten und -therapeutinnen in traumatherapeutischer Praxis die Beziehungsorientierung als wichtigen Faktor anerkennen (Roth/Batson 1997). Aktuelle neurophysiologische Forschungsergebnisse wirken zudem auch hier zunehmend richtungsweisend in Bezug auf die Integration bindungstheoretischer Aspekte in die Psychotherapie (Grawe 1998, 2004).

Wie am erläuterten Konzept der sozialtherapeutischen Einrichtung deutlich wurde, spielen begleitende Bezugspersonen eine große Rolle in der Behandlung, seien es die „Ursprungseltern" oder aber Professionelle des Hilfesystems. Falls die Traumatisierung nicht sehr komplex und früh geschah, kann häufig sogar mit den Ursprungseltern gemeinsam gearbeitet werden. Dafür gibt es inzwischen zahlreiche systemische Ansätze, die mehr oder weniger stark bindungsrelevantes Wissen verarbeitet haben. Der Fokus liegt hier jedoch auf dem Gewaltsystem als Ganzem und nicht so stark auf bindungstheoretischen Aspekten und der Beziehungssituation selbst als Möglichkeit zur Verarbeitung der sexuellen Traumata (Bentovim 1995; König/Fegert in Druck).

Die Diskussion über bindungstheoretische und traumarelevante Inhalte zwischen sowie innerhalb der einzelnen therapeutischen Schulen kann hier selbstverständlich nur angerissen werden. Bei aller Inhomogenität psychotherapeutischer Literatur wäre eine umfassende Darstellung ein eigenes, möglicherweise sogar nicht zu bewältigendes Unterfangen. Es wurde an verschiedenen Stellen bereits angeregt (Rasch-Owald 2004). Hier soll es daher in erster Linie darum gehen, anhand von Fallbeispielen bindungstheoretische und beziehungsorientierte Aspekte in der praktischen Arbeit mit sexuell traumatisierten Klientinnen und Klienten zu verdeutlichen und so weitere Diskussionen über geeignete Formen der Psychotherapie und Beratung sexueller Missbrauchsopfer anzuregen.

4.2.2 Beziehungsorientierte traumatherapeutische Praxis

In den drei Phasen der Traumatherapie, die inzwischen international als ein Standard in der Behandlung komplexer Traumatisierung angesehen werden und auch dem hier vorgestellten Einrichtungskonzept zugrunde liegen (s. Kapitel 1.3.3), wird dem Beziehungsaspekt mehr und mehr Bedeutung beigemessen – sowohl in der Behandlung von Erwachsenen als auch von Kindern und Jugendlichen. Das gilt insbesondere für die erste Phase der Stabilisierung und Wiederaufnahme des Bezugs zu sich und zu anderen, jedoch auch für die Phasen der Aufarbeitung des Traumas und der Wiederannäherung an die Außenwelt. Beachtet man das Primat der therapeutischen Beziehung in allen drei Phasen der Behandlung, so kann man auch auf Selbstheilungstendenzen vertrauen, über die viele Traumaopfer als Ressource verfügen (Hofman/Besser 2003).

Bereits Bowlby betonte die Bedeutung der therapeutischen Bindungsbeziehung, ihre Funktion als sichere Basis für freies Explorieren und die Möglichkeit der Reflexion innerer Bindungsrepräsentanzen (1983; Brisch 1999). Bezogen auf die psychosoziale Traumaarbeit und eine beziehungsorientierte Therapie von Opfern sexueller Gewalt bedeutet dies, dass Therapeutinnen und Therapeuten aktiv gefordert sind, als Antwort auf den Vertrauensmissbrauch eine emotional tragende und „nachnährende" Beziehung möglich zu machen, die von Wertschätzung, Empathie und Authentizität getragen wird. Wichtig für die Beziehungsgestaltung ist dabei, flexibel und reflektiert mit Nähe und Distanz umzugehen und angemessene Grenzen auszuhandeln, in der Interaktion wie im Setting.

Auf dieser Ebene wird es eventuell möglich, aktuelle wie vergangene Beziehungen zu explorieren und zu bearbeiten. Dabei kommt dem Übertragungs- und Gegenübertragungsgeschehen große Bedeutung zu. Bei einer drohenden Gefährdung der aktuellen therapeutischen Beziehung ist es jedoch nach Möglichkeit zu thematisieren. Dabei ist ein sorgsamer Umgang mit Deutungen und Bearbeitungsstimuli wichtig, um weitere Ohnmachts- und Überflutungserfahrungen zu vermeiden. Ziel ist es, aus der Übertragung eine aufrichtige, gegenseitige Beziehung entstehen zu lassen.

Eine stabile, gegenseitige Beziehung bildet den Boden für die Arbeit an belastenden Gefühlen und Kognitionen und macht damit eine Gefühlsdifferenzierung und kognitive Weiterentwicklung möglich. je stabiler die Aushandlungsfähigkeit der Klientinnen und Klienten, umso größer ist die Chance auf emotionale und kognitive Veränderungsprozesse und damit auf eine Traumabewältigung.

Als übergreifende Rahmenbedingung ist es von Bedeutung, Beziehung und Bindung ins Zentrum zu stellen und zu reflektieren, da die Gefahr besteht, dass destruktive Beziehungsmuster in der ambulanten therapeutischen Beziehung oder in stationären Settings im Team ausagiert werden.

Zudem ist die vorsichtige Gestaltung der Eingangsphase und des Abschieds sehr wesentlich, weil sich hier Beziehungsängste und -konflikte erneut aktualisieren.

In den zentralen Punkten für die therapeutische Beziehungsgestaltung lassen sich unschwer die basalen Fähigkeiten und Einstellungen der klientenzentrierten Psychotherapie, die dialogische Haltung der Gestalttherapie, die traumagerechte Arbeit mit Übertragung und Gegenübertragung psychoanalytischer Konzepte und der bindungsorientierte Zugang zur Behandlung nach modernen verhaltenstherapeutischen Anregungen erkennen (s. Kapitel 4.2.1).

Die therapeutische Beziehung kann damit übergreifend als eine unabdingbare Grundvoraussetzung für das Funktionieren von Therapie im Falle komplex traumatisierter Klienten und Klientinnen angesehen werden. Bereits in der Eingangsphase der Behandlung wird dies deutlich. Die Therapie wird durch eine Überwindung des traumabedingten tiefen Misstrauens, der „shattered assumptions“ (Janoff-Bulman 1985; s. Kapitel 1.2.2) überhaupt erst möglich. Wird nicht vom ersten Moment an die erschütterte Bindungsthematik an die erste Stelle gestellt, kommt eine Therapie erst gar nicht zu Stande.

Eingangsphase

Traumaopfer haben bei Therapiebeginn häufig immense Bindungserwartungen und sehnen sich nach einer sicheren emotionalen Basis. Die erste Phase der Therapie kann daher häufig als eine Testphase verstanden werden, in der der/die Therapeut/-in auf die Fähigkeit zur Bindungssicherheit hin abgeklopft wird. Wie bereits deutlich wurde, muss der/die Therapeut/-in dieser angespannten Bindungssuche der sexuell traumatisierten Klienten und Klientinnen entgegenkommen, ihnen also da begegnen, wo sie sich aus eigener Kraft selbst hinbewegen können, und an diesem Ort zeitlich, räumlich und emotional angemessen zur Verfügung stehen.

In der sozialtherapeutischen Einrichtung, in der ich als Psychotherapeutin tätig bin, erlebe ich immer wieder, dass die jungen Mädchen mich mehrere Monate „aus der Entfernung beobachten“, ehe sie bei mir nach einer psychotherapeutischen Behandlung fragen. Diese selbst motivierten und vorsichtig abgewogenen Anfragen münden dann häufig in langjährige erfolgreiche psychotherapeutische Prozesse. Befragt auf ihr anfängliches Zögern, berichten die jungen Frauen von zahlreichen Beziehungsabbrüchen vorangegangener Jugendhilfemaßnahmen. Bei diesen Mädchen, die in sich selbst nach den frühen schweren Traumata über keinerlei innere Sicherheit und emotionale Stabilität verfügen, ist das anfängliche Misstrauen nicht nur gut nachvollziehbar, sondern im Zuge ihrer Verletzungen als Schutz vor weiteren Retraumatisierungen auch sehr sinnvoll. Auch während der Therapie wird die Bindungssicherheit häufig immer wieder neu getestet.

Die massive innere Spannung, unter der die Mädchen in dieser Phase stehen, zeigt sich häufig auch daran, dass es in der Eingangsphase zu einem Aufflackern psychosomatischer Krankheiten kommt. Die vegetative Erregung als eine der Hauptsymptomatiken der posttraumatischen Belastungsstörung führt nicht selten zu psychosomatischen Folgeerscheinungen. In der Regel haben die Klientinnen damit im Lauf der Jahre bereits einen gewissen Umgang gefunden, wie konstruktiv oder destruktiv er auch immer sein mag. Der massive „Krankheitsausbruch" kurz nach der Aufnahme in die Einrichtung ist für sie jedoch schwer zu ertragen und stellt sie vor eine neue Situation.

Es ist gut nachvollziehbar, dass die Spannungszustände sich bei Aufnahme in die Einrichtung oder auch bei Beginn einer Therapie zunächst erhöhen. Einerseits ist der Eintritt in die sozialtherapeutische Wohngruppe zumeist mit einer ungeheuren Erwartung verbunden, nun mögen alle Wunden geschlossen werden und stabile Beziehungen entstehen. Andererseits birgt der Neubeginn auch berechtigte Ängste, Enttäuschungen und erneute Bindungstraumata zu erleiden. Die dadurch hervorgerufene Spannung führt zu einem solchen Ausmaß an innerer Erregung, dass insbesondere Kopfschmerzattacken und gastrointestinale Beschwerden einen Höhepunkt erreichen können. Oft steht eine gründliche medizinische Abklärung und eine mehrmonatige Arbeit an den psychosomatischen Beschwerden daher am Beginn einer psychotherapeutischen Behandlung.

Hier schließt sich jedoch bereits der Kreis. Denn der Schlüssel zur Verbesserung der psychosomatischen Beschwerden ist wiederum häufig in einer stabilen Beziehungsaufnahme zu finden. Mit zunehmendem Bindungsvertrauen nimmt dann auch das Ausmaß der psychosomatischen Beschwerden ab. So etablierte beispielsweise Cornelia, deren Therapieverlauf oben geschildert wurde, als Eingangsthema den Abschied von der vorherigen Beratungsstelle und psychosomatische Beschwerden. Letztere reduzierten sich nach den Beziehungsklärungen in der Einrichtung auf ein Ausmaß, das reflektierbar und daraufhin auch erträglich war.

Borderlineproblematik

Besonders deutlich wird die Bindungsproblematik bei Klientinnen und Klienten mit der Diagnose Borderline-Persönlichkeitsstörung, die in den letzten Jahrzehnten mehr und mehr mit frühen und komplexen Traumata in Verbindung gebracht wird. Für diese Gruppe von Patientinnen und Patienten wurden inzwischen als entscheidende Kriterien für professionelles Handeln in der psychosozialen Arbeit verschiedene Fähigkeiten formuliert, wie die Beziehung zu halten und auszuhalten, die Anliegen und

Verhaltensweisen der Klientinnen und Klienten professionell deuten zu können und sich selbst in der Arbeit stets zu reflektieren (Hofmann 2002). Auch Borderlineklientinnen selbst bestätigen in retrospektiven Befragungen diese Herangehensweise als hilfreich und unterstützend für ihre Problematik (Linke 2003; Markner 2004).

Erkenntnisse für die Praxis werden nicht nur durch gelingende Fälle erworben, sondern leider auch zu einem großen Anteil anhand misslungener Interventionen. Daher sei hier auch ein Beispiel des Scheiterns in seiner Bedeutung für die psychotherapeutische Arbeit genannt. Eine sehr schwer und im Säuglingsalter traumatisierte Klientin fand zunächst zwar Eingang in unsere sozialtherapeutische Einrichtung, musste jedoch bald darauf wieder entlassen werden. Ihre Mutter war bereits, als sie selbst fünf Jahre alt war, an Aids und fortgesetzter Drogenabhängigkeit gestorben. Im Säuglingsalter war sie Zeugin der dauerhaften Prostitution und Selbstzerstörung der Mutter. Zudem ließ die Mutter sie aufgrund ihrer nächtlichen Tätigkeiten über Stunden und Tage hinweg allein, so dass sie vom Jugendamt in eine Pflegestelle gegeben wurde.

Hier wurde sie körperlich misshandelt und daraufhin einer Pflegefamilie überstellt. Die Pflegeeltern trennten sich nach einigen Jahren, und die Pflegemutter zog mit der Klientin ins Ausland. Der neue Partner der Mutter vergewaltigte das Mädchen im Jugendlichenalter mehrfach. Als die Klientin diesen Sachverhalt der Pflegemutter mitteilte, verstieß sie das Mädchen. Die Klientin kehrte daraufhin nach Deutschland zurück. Aus einer Kriseneinrichtung gelangte sie schließlich im Alter von 17 Jahren zu uns. Was dieser Lebenslauf für das Bindungsgefüge des Mädchens bedeutet, kann man sich schwer vorstellen. Neben Drogenabusus, zahlreichen psychiatrischen Diagnosen wie Borderline-Persönlichkeitsstörung, Dissoziativität, Dissozialität und schweren Selbstverletzungstendenzen war insbesondere die Unmöglichkeit zu beobachten, sich in irgendeiner Form auf eine Beziehung einzulassen, geschweige denn, sich darauf zu verlassen.

Dennoch gelang es ihr zunächst, in der Einrichtung an Boden zu gewinnen. Sie verbrachte mehrere Monate in der Wohngemeinschaft, richtete sich mit viel Liebe und Kreativität ein eigenes Zimmer ein und begab sich sowohl in eine Bezugsbetreuung als auch in Psychotherapie. Dennoch war sie von Beginn an immer wieder tagelang auf Trebe, und die Begegnungen hatten stets einen flüchtigen Charakter, obwohl das Beziehungsangebot durchgängig aufrechterhalten wurde. Als die gefährlichen Streifzüge auf Trebe bis in die sozialtherapeutische Einrichtung hereinreichten und aufgrund krimineller Handlungen und prostitutionsrelevanter Aktivitäten andere Mädchen gefährdeten, musste die Klientin die Einrichtung verlassen.

Lehrreich war in diesem Fall das von Beginn an durchgängige Gefühl, die Klientin nicht wirklich zu erreichen. Es gab Momente, in denen mit ihr

Gespräche möglich waren, die etwas sehr Hoffnungsvolles hatten und in denen gegenseitiges Verständnis und Einsicht für ihre eigene Situation nahe zu liegen schienen. Dies gelang jedoch eher aufgrund ihrer guten intellektuellen Fähigkeiten. Das gesamte Team fürchtete ständig, diesen hoffnungsvollen Momenten keinerlei Stabilität für eine zukünftige Zusammenarbeit geben zu können. Trotz vereinter Bemühungen, die Klientin auf der Beziehungsebene zu erreichen, reichten unsere Möglichkeiten nicht aus, die entstandenen Verletzungen zu überwinden und Zugang zu dem zerbrochenen Bindungsgefüge zu erhalten. Dies war bestenfalls momentewei-se möglich. Was bleibt, ist die Hoffnung, dass die Momenterfahrungen eine Ahnung von Beziehung vermitteln konnten, auf die die Klientin später in neuen Versuchen der Beziehungsaufnahme zurückgreifen kann, wenn sie bis dahin nicht völlig durch Selbstdestruktivität, Drogenmissbrauch und Prostitution zerstört ist.

Abwehr als Schutz

An diesem Fall wird auch deutlich, welch große Rolle die Abwehr bei früh bindungsgestörten Klientinnen und Klienten spielt. Kinder und Jugendliche gewöhnen sich nicht an Verluste, stattdessen macht jeder erneute Verlust einerseits misstrauischer und stumpfer gegen neue Bindungsangebote und andererseits umso sehnsüchtiger in den Erwartungen und Hoffnungen auf das Gelingen einer Bindung. Besonders bei komplex Traumatisierten ist es daher wichtig, „entlang der Abwehr“ zu arbeiten und den abgewehrten Bindungswünschen aktiv einbettend entgegenzukommen.

Dies kann sehr verschiedene Interventionen zur Folge haben. Auf jeden Fall aber ist es unangemessen, die Abwehr als Regression und Widerstand zu deuten, die es möglichst schnell zu konfrontieren und zu überwinden gilt. Abwehr muss so lange als Schutz verstanden werden, so lange sie nicht von reiferen Strategien abgelöst werden kann. Das Entgegenkommen kann zum Beispiel darin bestehen, hinter der Ablehnung den Wunsch nach Nähe zu sehen und diesen nonverbal zu beantworten oder vorsichtig zu thematisieren. Es kann jedoch auch bedeuten, das Distanzierungsbedürfnis ernst zu nehmen und das Setting zu lockern. Manche früh bindungsgestörten Kinder können als Jugendliche zunächst keine Nähe mehr durchstehen. Die Ängste sind zu stark und die Verletzungen zu tief, so dass man sich sehr vorsichtig in Form lockerer Jugendhilfesettings nähern muss.

So gibt es beispielsweise inzwischen in Berlin Projekte, in denen obdachlose Jugendliche zusammen mit ihren Peers und eventuell vorhandenen Tieren aufgenommen und nur sehr niedrigschwellig betreut werden. Die Anforderungen sind denkbar gering und reagieren lediglich auf die von den Jugendlichen angebotenen Impulse. Ist eine weitere Betreuung nicht möglich, kann die/der Jugendliche auf die Straße zurückkehren und zu einem späteren Zeitpunkt um Aufnahme anfragen. In einer ähnlich niedrigschwelligen Einrichtung hätte jene Klientin möglicherweise zunächst bessere Chancen gehabt, um langsam wieder Vertrauen zu entwickeln und sich an Bindungschancen anzunähern.

Die Wichtigkeit von Peers wird in der Behandlung noch weitgehend unterschätzt. In unserer sozialtherapeutischen Einrichtung ist es inzwischen zur Regel geworden, feste Partner der Mädchen in die Betreuung einzubeziehen. Entwickelt sich die Beziehung stabilisierend, kann sie eine enorme Unterstützung für die Arbeit in der Einrichtung darstellen. Entwickelt sich die Beziehung destruktiv, kann dieser Prozess zumindest begleitet und im Rückblick gemeinsam darüber reflektiert werden. Es gibt jedoch noch zahlreiche weitere Möglichkeiten, Peers in die Arbeit einzubeziehen, auf die an dieser Stelle nicht eingegangen werden kann. Auch die „heilsame" Qualität von Selbsthilfegruppen und niedrigschwelligen Gruppenangeboten, auf die bereits mehrfach hingewiesen wurde, kann hier nur kurz angerissen werden (s. Kapitel 3.3; Kern 2004).

Die Bedeutung von Tieren kann in Form therapeutischen Reitens und tiergestützter Psychotherapie ebenfalls sehr gewinnbringend in die Arbeit einbezogen werden (Beck/Katcher 1996; Olbrich/Otterstedt 2003). Tiere spielen in der Kontaktaufnahme aufgrund ihrer analogen, eindeutigen Kommunikation und ihrer Bedingungslosigkeit im Kontakt eine entscheidende Rolle. Sie vermögen schwer traumatisierten Menschen zuweilen Chancen zu eröffnen, bei denen jede Hilfe durch andere Menschen und damit auch durch Professionelle scheitert. Je nach Verfassung und Verantwortungsübernahme der jungen Frauen versucht die Einrichtung daher auch, die Haltung kleinerer Haustiere zu ermöglichen.

In einer hoffnungslos erscheinenden Situation kann es manchmal angebracht sein, offen die Schwierigkeit, die richtige Antwort auf das jeweilige Bindungsbedürfnis zu finden, gegenüber dem/der Klienten/-in zu formulieren und damit ein Beziehungsangebot zu machen, in dem die Klientin ernst genommen wird. Authentisch die eigene Hilflosigkeit zu thematisieren, kann bei schwer enttäuschten Klientinnen und Klienten eine viel bessere Wirkung erzielen als theoriefixiertes Agieren. Dies wird auch an den Erfahrungen von Frau Cirillo, Herrn Belgard und Herrn Degan deutlich.

Herr Degan formuliert das Bedürfnis nach Begegnungen und Beziehungen, in denen ein offenes Klima, Authentizität, Ehrlichkeit und Akzeptanz herrschen, ausdrücklich in Bezug auf den professionellen Bereich. Psychotherapie müsse auch selbstkritisch die Grenzen der Leistungsfähigkeit traumatisierter Persönlichkeiten akzeptieren, sagt er, und sich auf die anstehenden, kleinen Schritte konzentrieren.

> *„Ich denke, dass Therapeuten in keiner Hinsicht versagen, wenn sie an ihre eigenen Grenzen stoßen... Therapeuten versagen aber dann,*

> *wenn sie sich ihre Grenzen nicht eingestehen dürfen oder können, sich für unfehlbar halten, sich selbst nicht in Frage stellen, ängstlich an Theorien fixiert bleiben, dem Patienten somit die Schuld für das Misslingen der Therapie zuweisen und sich damit… retraumatisierend verhalten können. Dies gilt sicher für alle Therapieformen."*

Im Laufe seiner Suche nach Unterstützung hat er viele hilflose Professionelle kennen gelernt und häufig Abwehr dagegen verspürt, die Tragik der Gewalthandlungen ernst zu nehmen. Betroffene wirklich ernst zu nehmen könnte hier seiner Meinung nach der erste Schritt sein:

> *„Sie müssen wissen, auf was sie sich einlassen… sie müssen wissen: Wie fühlt sich denn so ein Leben wirklich hier innen an?… Sie müssen auch wissen, dass das dann eben nicht nur ein paar Tränchen sind, die laufen, sondern Schmerz, der ist dann aber ganz anders."*

Möglichkeiten und Grenzen

An der Möglichkeit, eine aufrichtige, sichere Beziehungsbasis mit all ihren Implikationen herzustellen, kann sich also vieles entscheiden, und der Weg dahin ist manchmal schwierig bis unmöglich. Ausreichendes Wissen und Erfahrung hinsichtlich sexueller Traumatisierung und ihrer Komplexität zu besitzen, dennoch genug Flexibilität, Offenheit für Neues und für Überraschungen auf der Symptomebene mitzubringen, um im Sinne der Bindungstheorie Bedürfnisse und Anliegen immer richtig wahrzunehmen, sowie prompt und angemessen darauf zu reagieren: das ist eine enorm hohe Anforderung, die viele Fallen und Schwierigkeiten beinhaltet.

Die Ausführungen können daher nicht als ein Pauschalrezept betrachtet werden, sondern lediglich als Anregungen, die die Sensibilität für personzentriertes und situationsadäquates Vorgehen erhöhen. Auf dieser Basis kann es gelingen, angemessene Interventionsstrategien einzusetzen, die sich in der gemeinsamen Arbeit entwickeln. Häufig, insbesondere bei Kindern und Jugendlichen, muss zunächst nochmals nachgenährt und nachsozialisiert werden. In der Therapie mit einem achtjährigen Mädchen beschreibt Garbe (1993) diesen Prozess sehr eingehend und nachvollziehbar. Sie spricht dabei vom guten „Mutterboden" (32), auf dem langsam ein belastbares Band entstehen und die traumatische Erfahrung aufgearbeitet werden kann.

Eine genau umgekehrt gelagerte Problematik ist die partielle Frühreife von Kindern und Jugendlichen, die sexuelle Gewalt erfahren haben. So geriet beispielsweise Cornelia, die aufgrund ihrer Situation als Älteste unter den Geschwistern und wegen des Missbrauchs durch den Stiefvater früh in den Erwachsenenstatus gezwungen wurde, in der Einrichtung innerhalb kurzer Zeit zur alles umsorgenden und alles dominierenden Übermutter.

Ihre eigenen Bedürfnisse blieben dabei weiterhin auf der Strecke. Während ihr dieser Teil leichter bewusst wurde und berechtigten Ärger auslöste, war die Einsicht in ihre Dominanz und Grenzüberschreitung ein schwierigerer Prozess. Dies erforderte wiederum ein „Nachnähren" regressiver und schutzbedürftiger Anteile, die sie im geschützten therapeutischen Setting, jedoch auch zunehmend im Alltag, leben konnte und durfte.

Die Beispiele weisen auch auf den schwierigen Umgang mit Grenzen im Bereich sexueller Gewalt hin. Vom Konzept des „partiellen Engagements" und der „selektiven Offenheit" war bereits die Rede (s. Kapitel 4.1.2). Dies gilt auch für Berührungen. Für die meisten Opfer sexueller Gewalt ist es ebenso schwierig wie wichtig, den Umgang mit körperlicher Nähe und Distanz zu erlernen. Leider kann man sich hier als Professionelle/r nicht immer auf die eigene Intuition verlassen. Denn der frühe, massive Eingriff in die körperliche Integrität der Opfer setzt natürliche nonverbale Signale außer Kraft oder verzerrt sie teilweise bis zur Unkenntlichkeit. Hier ist also große Vorsicht geboten.

Andererseits erweisen sich rigide Konzepte von Abstinenz ebenso wenig hilfreich, da Berührungen und Körperkontakt zur Entwicklung von Bindungssicherheit sehr bedeutsam sein können. Zu Beginn jeder Therapie ist daher von neuem auszuloten, welcher Umgang mit Berührungen möglich ist und wie er möglichst offen und für das Opfer kontrollierbar gestaltet werden kann. Es kann dabei sinnvoll sein, Signale zu vereinbaren, in denen eine Berührung erwünscht oder auf keinen Fall geboten ist.

Ein Mädchen aus der Einrichtung, welches im Zuge fortgesetzter sexueller Ausbeutung eine schwere Essstörung entwickelt hatte, signalisierte auf meine Frage, ob sie in Situationen von Trauer und Angst berührt oder umarmt werden wolle, zunächst den Wunsch nach einem angemessenen Sicherheitsabstand. In relativ kurzer Zeit zeigte sich jedoch, dass sie körperliche Nähe in der Therapie immer wieder stark suchte. In der Reflexion darüber wurde deutlich, wie unsicher sie in der Einhaltung ihrer eigenen Grenzen war und dabei immer wieder in Situationen geriet, die ihr eigentlich zu viel Nähe abverlangten. Ihre Berührungen als nonverbalen Wunsch nach Nähe zu interpretieren wäre also nicht die richtige Entscheidung gewesen. Durch viel Beschäftigung mit dem Thema, sowohl in der psychotherapeutischen Beziehung selbst wie auch in der Reflexion ihrer Paarbeziehungen, gelang es ihr mit der Zeit besser, Wunsch und Wirklichkeit einander anzunähern.

„Earned secure"

Bei allen Hindernissen und Schwierigkeiten: Gelingt – wie es in der Behandlung von Cornelia der Fall war – eine sichere therapeutische Beziehung, entsteht aus der interpersonellen auch zunehmend intrapersonelle

Sicherheit für die traumatisierten Klientinnen und Klienten. Dadurch eröffnen sich, ähnlich wie beim sicher gebundenen Kind, neue Entwicklungsräume. Die Bindung funktioniert also auch hier im doppelten Sinne: Sie stellt eine Alternativerfahrung für früh erfahrene Bindungsunsicherheiten und -störungen durch das Trauma dar und wirkt in dieser Form direkt auf das zutiefst verunsicherte Bindungssystem der Betroffenen. Sie ermöglicht aber zugleich die Öffnung für ein „psychotherapeutisches Explorationssystem", also die Fähigkeit, sich dem therapeutischen Prozess zu öffnen und Veränderungsprozesse zuzulassen.

So wie bereits für das Kind das funktionierende Bindungssystem zugleich das Explorationssystem ermöglicht, eröffnet eine therapeutische Beziehung Räume für neue emotionale und kognitive Erfahrungen und Entwicklungen. Diese sind zwar nicht mehr primärer, sondern sekundärer Natur, das heißt durch bereits vorhandene Erfahrungen aus der Kindheit geprägt. Dennoch ermöglicht dies die bereits erwähnten „earned secure"-Erfahrungen, die eine große Bedeutung im Heilungsprozess und für das weitere Leben einnehmen können (s. Kapitel 2.2). So war es beispielsweise Frau Cirillo möglich, mit Hilfe der Selbsthilfegruppe und anderer positiver Beziehungserfahrungen im Verlauf mehrerer Therapien, eine befriedigende Partnerschaft aufzubauen, die es ihr wiederum heute leichter macht, mit der Gewalterfahrung zu leben.

Auf der Basis einer sicheren therapeutischen Beziehung kann es sinnvoll werden, das Trauma zu fokussieren. Über die Traumaaufarbeitung und ihre verschiedenen Techniken ist bereits viel geschrieben worden. Alle therapeutischen Schulen haben hier inzwischen spezifische Verfahren entwickelt. Dies soll an dieser Stelle nicht aufgegriffen werden. Viele der Verfahren können, wenn sie situationsadäquat und indikationsspezifisch eingesetzt werden, einen großen Gewinn für die Traumabearbeitung und -verarbeitung bringen. Dafür hat sich „ein multimodales Vorgehen bewährt, das verschiedene therapeutische Techniken integriert. Die Auswahl und Kombination der geeigneten Verfahren sind beim derzeitigen Wissensstand entsprechend der differenzialdiagnostischen Beurteilung und in Abstimmung auf den Einzelfall vorzunehmen" (Flatten et al. 2001, 104f).

Meine Erfahrung aus der psychotherapeutischen Praxis mit schwer und komplex traumatisierten Menschen ist, dass diese Frage auf der Basis einer stabilen therapeutischen Beziehung in den Hintergrund gerät und die Auswahl der Verfahren sich harmonisch in den Therapieprozess einbetten lässt. Wenn man sich auf das Arbeitsbündnis verlassen kann, öffnet sich das bereits erwähnte therapeutische Fenster (s. Kapitel 4.1.4) von selbst, und es kommt auch nicht zu methodisch bedingten Überforderungen, die Herr Belgard kritisch als „psychotherapeutische Experimente" bezeichnet (s. Kapitel 3.2.2).

Die Möglichkeit, das Trauma zu verarbeiten, erlangt nochmals eine besondere Bedeutung, wenn man die transgenerationale Weitergabe von Bindungsstörungen im Kontext mit Traumata berücksichtigt. Traumatische (Bindungs-)Erfahrungen werden bei der Geburt eigener Kinder erneut aktiviert und in der Folge häufig erneut dissoziiert und vermieden. Die daraus entstehenden widersprüchlichen Signale an die Kinder führen nicht selten zu desorganisierten Bindungsanteilen, falls die erfahrene Gewalt nicht sogar direkt an die eigenen Kinder weitergegeben wird (Jakobvitz et al. 2001).

Die Weitergabe der negativen Bindungserfahrungen ist allerdings nicht zwingend. Neuere Ergebnisse weisen darauf hin, dass das „aktive Bemühen um eine Nichtwiederholung" der eigenen Erfahrungen am Kind und eine Reflexion der eigenen Kindheitstraumata sich positiv auf die Bindungsausgestaltung zum Kind auswirken kann (Meyer 2004).

Das bedeutet, dass traumatisierte Eltern, die über ihre erfahrenen Kindheitstraumata offen und reflektiert berichten können, Chancen haben, ihren Kindern eine sichere(re) Bindung zu ermöglichen. Dieses Durchbrechen der transgenerationalen Weitergabe von unsicheren Bindungsmustern und der sekundäre Erwerb von Bindungssicherheit beispielsweise durch psychotherapeutische Bearbeitung von Kindheitserfahrungen, die so genannte „earned secure", besitzen große Bedeutung für psychotherapeutische Zielsetzungen (Hauser/Endres 2002).

Die therapeutische Beziehung kann die ehemalige elterliche Bindung zwar nicht ersetzen. Sie kann jedoch eine entscheidende Alternativerfahrung für das ‚bindungsrelevante Arbeitsmodell" darstellen und aus dieser neuen Perspektive auch die alte, beeinträchtigte Elternbeziehung in einem neuen Licht erscheinen lassen. Ein besonders schönes Beispiel für ein derart gelungenes Durchbrechen einer transgenerationalen Weiterabe von Traumatisierung zeigte uns Nathalie auf, eine Klientin, die bereits vor der Geburt eine Alkoholembryopathie durch den Alkoholabusus der Eltern erlitt.

4.2.3 Fallbeispiel: Nathalie

Nathalie wuchs mit zwei jüngeren Schwestern und einem jüngeren Bruder bis zum 16. Lebensjahr bei den Eltern auf. Die sieben ersten Kinder des Vaters aus seinen vorherigen Beziehungen waren wegen der Alkoholproblematik durch das Jugendamt fremd untergebracht worden. Alle Kinder der jetzigen Kernfamilie leiden unter einer starken Intelligenzminderung. Nathalies Bruder weist eine Schädelfissur aufgrund einer frühen Misshandlung auf; die Mutter wurde wegen mehrerer ungeklärter Knochenbrüche im Krankenhaus behandelt. Die drei inzwischen ebenfalls fremd untergebrachten Mädchen erzählen von zahlreichen aggressiven Durchbrüchen des

Vaters, in denen er zunächst die Mutter, in der Folge jedoch auch die Kinder unkontrolliert schlug und mit Gegenständen teilweise lebensgefährlich verletzte. Die Mutter sah sich außerstande, sich und die Kinder zu schützen, und gab die Verantwortung dafür bereits zu einem frühen Zeitpunkt an Nathalie ab.

Nathalie hatte sich kurz nach der Entscheidung der nächstjüngeren Schwester, nach einem Krankenhausaufenthalt nicht mehr in die Familie zurückzukehren, gemeinsam mit ihrer anderen Schwester der Familientherapeutin anvertraut, die in der Familie sexuelle Gewalt und Misshandlung vermutete. So kam Nathalie mit 16 Jahren in unsere sozialtherapeutische Jugendhilfeeinrichtung. Sie litt zum Aufnahmezeitpunkt unter starken psychosomatischen Beschwerden, Erregungszuständen und Ängsten, hatte ein sehr schlechtes Selbstbewusstsein, fühlte sich oft von sich und anderen isoliert und hatte wenig Zugang zu ihren Gefühlen. Nathalie konnte trotz großer Anstrengungen und Nachhilfestunden auch die Sonderschule nicht abschließen. Nachts litt sie unter Albträumen und hatte auch tagsüber pseudopsychotische Erscheinungen wie Stimmen, Wesen oder Schatten, die sie bedrohten und ihr Anweisungen gaben.

Bei der Aufnahme zeigte Nathalie nach einer kurzen Phase stark angepassten Verhaltens zwar unsicher vermeidendes Bindungsverhalten, jedoch in einem gemessen an der Gewaltproblematik nicht so starken Ausmaß. In der retrospektiven sozialen Diagnostik erklärte sich dies im Verlauf der Therapie durch die enge Bindung zu ihrem Großvater, der eine wichtige schützende Instanz in der Kindheit dargestellt hatte. Dennoch führten die frühen und fortgesetzten Traumatisierungen zu schweren Entwicklungsdefiziten, insbesondere auf der emotionalen und kognitiven Ebene.

In Bezug auf die gewaltbelastete Kernfamilie zeigte sich bei Nathalie eine extreme Ambivalenz zwischen den angstbesetzten Gewalterfahrungen gegenüber dem Vater und der Enttäuschung gegenüber der nicht schützenden Mutter auf der einen Seite und einer positiv besetzten Beziehung zu beiden Elternpersonen und eine enge Verbindung zu den Geschwistern auf der anderen Seite. Neben dem Bewusstsein der Gewalthandlungen und Schädigungen gab es also auch zu bewahrende Bindungsanteile in Bezug auf die Eltern und Geschwister. Der sorgsame Umgang mit dieser Ambivalenz stellte sich schließlich als Schlüsselvariable für das Gelingen der therapeutischen Begleitung Nathalies heraus.

Zum Zeitpunkt der Aufnahme nahm Nathalie die Beziehungsangebote durch die Betreuungspersonen und die therapeutischen Angebote zunächst erstaunlich schnell an. Nach einiger Zeit wurde jedoch ihr Misstrauen sichtbar, indem sie wichtige Informationen verheimlichte oder durch falsche Aussagen zu verstecken versuchte. Erst nach wiederholter Erfahrung, dass Konflikte auf andere Weise als mit Gewalt lösbar waren und gravierende Bestrafungen dafür ausblieben, sowie durch die begleitenden

Gespräche darüber im therapeutischen Setting legte sich dieses Verhalten. Nathalie war nun tatsächlich in der Einrichtung angekommen und mit ihrer Bezugsbetreuerin sowie mit mir als Psychotherapeutin in einer tragfähigen Beziehung. In der Psychotherapie wurden daraufhin zunächst ein sicherer innerer Schutzort und ein Tresor für belastende Bilder und Erinnerungen etabliert.

Bald darauf kam es zum Ende der familientherapeutischen Begleitung durch die lang vertraute Familientherapeutin, die die Gewaltverhältnisse in der Familie aufgedeckt hatte. Zu diesem Zeitpunkt war es von großer Bedeutung, dass in der Einrichtung ein Wissen um die schützenswerten Beziehungsanteile zu den Eltern bereits bestand. Obwohl die Eltern nicht zu gemeinsamen Gesprächen mit der Einrichtung an einem neutralen Ort bereit waren, wurde das Bedürfnis Nathalies, die Eltern trotz der Misshandlungsgefahr aufzusuchen, nicht geleugnet, sondern stattdessen engmaschig begleitet.

So etablierte Nathalie nach dem Wegfall der Familientherapie mit einigen Übergangsschwierigkeiten eigenständige Kontakte zu den Eltern, die in Absprache mit uns und mit einem hohen Ausmaß an Aufmerksamkeit und Selbstschutz ihrerseits verliefen. Die Besuche bei den Eltern blieben zwar nicht immer ohne Zwischenfälle, jedoch ohne weitere Gewalthandlungen an Nathalie. Durch eine selbstbewusstere Form des Auftretens und ihre erlangte Volljährigkeit gelang es ihr, den Respekt des Vaters zu gewinnen und Wiederholungstendenzen Einhalt zu gebieten. In diesem Kontakt mit der Ursprungsfamilie half Nathalie auch die Einbindung in alternative soziale Kontakte aus der Schul- und der Ausbildungszeit. Erste Partnerschaften konnten begleitet werden und führten bisher nicht zu einer Wiederholung der ehemaligen häuslichen Gewaltsituation.

Die Arbeit am Selbstwertgefühl erfolgte zunächst über pädagogische Medien im geschützten Setting der Psychotherapie, in der Folge dann mehr und mehr in der begleitenden Kreativtherapie und in Alltagssituationen im pädagogischen Setting. Ein wichtiger Bereich war hier die Klärung der Schulsituation, die Nathalie maßlos überforderte und in permanente Angstzustände versetzte. Nach einigem Abwägen fiel die Entscheidung, Nathalie von der Schule zu befreien und ihr zunächst ein Praktikum zu vermitteln, in dem sie viel Anerkennung für ihre Zuverlässigkeit bekam. In dieser Zeit konnte auch stärker an den Belastungen durch die frühe fortgesetzte Traumatisierung gearbeitet werden. Nach einer Phase der Trauer über einen schwach ausgefallenen Intelligenztest beim Arbeitsamt stellte eine geschützte Ausbildung für sie einen geeigneten Platz für eine Weiterentwicklung im praktischen Bereich dar, mit der sie sich heute sehr zufrieden zeigt.

Auf dieser Basis von Bindungssicherheit und Alltagsstabilität konnten auch traumazentrierte Abschnitte in der Therapie ihren Platz finden, ohne dass die Sicherheit in der Bindung zu mir dadurch gefährdet wurde. Obgleich die Einzeltherapie angesichts der zahllosen Traumatisierungssituationen sehr stützend und nur geringfügig aufdeckend ausgerichtet war, brachte Nathalie insbesondere in aktuellen Konfliktsituationen mit ihren Eltern belastende Erinnerungen ein. Sie konnten in der Regel über verbale oder kreative Wege zum Ausdruck gebracht werden und anschließend an Kraft und Einfluss auf den Alltag verlieren. Auch psychosomatische Erscheinungen wie ein andauernder Spannungskopfschmerz konnten teilweise über zeichnerischen Ausdruck in Körperbildern besprochen und gemildert werden.

In ihren Albträumen begegnete Nathalie häufig einem „schwarzen Mann", der in ihren Zeichnungen eine große Ähnlichkeit mit den Zeichnungen des Vaters aufwies. In der Folge gelang es Nathalie bewusster, zwischen den positiven und negativen Anteilen des Vaters zu unterscheiden und Strategien zu entwickeln, sich seinen Gewaltdurchbrüchen zu entziehen beziehungsweise sich zu widersetzen. In dieser Zeit gab es auch Phasen von starker Wut und Trauer. Sie war jedoch darauf bedacht, den Kontakt zu den Eltern dennoch nicht völlig abreißen zu lassen, wenn nun auch häufiger Pausen entstanden. Die Albträume von dem schwarzen Mann verschwanden schließlich mehr und mehr.

In der Arbeit an den pseudopsychotischen Stimmen und Erscheinungen gelang es nicht so einfach, eine Verbindung zu früheren Bezügen herzustellen. In der Einzeltherapie versuchten wir daher, mit Imagination und schützenden Instanzen zu reagieren. Einige Symptome verloren auf diese Weise ihren Einfluss auf Nathalie, stets unterstützt von der Kreativtherapie und dem pädagogischen Bereich, an den sie sich im Alltag jederzeit mit dieser Problematik wenden konnte. Heute hört Nathalie zuweilen noch Stimmen, sie haben jedoch für sie an Schrecken verloren.

Eine für Nathalie sehr einschneidende Situation während des Aufenthalts in der Einrichtung war der Tod des Großvaters, der über lange Jahre hinweg eine schützende Funktion für sie und die Geschwister eingenommen hatte. Mit seinem Tod brachen einerseits die als Kind empfundene Hilflosigkeit und die Sehnsucht nach ihm auf, andererseits Schuldgefühle ihm gegenüber, weil sie ihn auf Druck des Vaters über viele Jahre nicht besucht hatte. In Gesprächen gelang es zum Teil, imaginativ die nicht mehr ausgesprochenen Worte gegenüber dem Großvater zu formulieren und seine schützende Rolle als heutige innere Instanz und Ressource anzuerkennen.

Die Trauerphase jedoch war für Nathalie schwer zu ertragen und wühlte nochmals viele alte Verletzungen und Erinnerungen auf, denen sie sich zum Teil im Alltag hilflos ausgeliefert fühlte. In dieser Zeit kam es vermehrt zu Konflikten mit Mitbewohnerinnen, von denen sie sich schlecht behandelt und ausgegrenzt fühlte. Sie brauchte dann häufig die Versicherung und Unterstützung durch ihre Betreuungspersonen, um sich nicht schweigend und leidend in ihr Zimmer zurückzuziehen und aus der Beziehung auszusteigen. Die Beziehungsverunsicherung hatte alte Wunden aufgerissen und musste erneut durch aktive Beziehungsaufnahmen und -versicherungen stabilisiert werden.

Dies hing möglicherweise auch damit zusammen, dass der Tod des Großvaters bereits in die Abschiedsphase aus der Einrichtung fiel. Das macht deutlich, wie groß die Sorgfalt in dieser Abschiedsphase sein sollte, damit nicht kumulierende Ereignisse erneut Bindungsverunsicherungen und alte Verlustängste aktualisieren können. Für Nathalie gelang es uns, nochmals eine Verlängerung herbeizuführen, die ihr mehr Zeit gab, die beiden Prozesse auseinander zu halten und in der Psychotherapie Raum für die Arbeit des Abschieds vom Großvater und schließlich des Abschieds von der Einrichtung zu haben.

Heute lebt Nathalie nicht weit weg von ihrem Ausbildungsplatz und ihren Eltern und Geschwistern. Sie bewohnt eine eigene Wohnung mit einer Reihe von Haustieren und lebt in einer ihrem Alter entsprechenden Beziehung. Sie verfügt über eine lockere Begleitung durch eine Psychiaterin, die ihr sowohl für Gespräche als auch für eventuelle Medikation zur Verfügung steht, wenn die Spannungszustände in Überforderungssituationen unerträglich werden. Nathalie hat jedoch ein Maß an Selbstständigkeit erreicht, welches bei ihrem Ausmaß an traumatischer Beeinträchtigung und Intelligenzminderung Achtung verlangt. Auf der Basis tragender Beziehungsarbeit war sie in der Lage, die Einrichtung mit ihren Selbstheilungskräften immer wieder aufs Neue zu überraschen und den pädagogisch-therapeutischen Prozess aktiv mit zu gestalten.

Abschließende Gedanken und Ausblick

Meine Motivation, ein Buch über beziehungsorientierte Therapie in der Behandlung sexueller Traumata zu schreiben, nahm ihren Ausgangspunkt in den Erfahrungen betroffener Klientinnen und Klienten mit der professionellen Begleitung ihres Bewältigungsprozesses und in Fallbeispielen aus eigener Praxis. Die Zusammenführung der beiden Perspektiven brachte mich zu dem Ergebnis, dass Beziehungsorientierung im psychotherapeutischen Prozess bei der Bewältigung früher komplexer Traumata eine grundlegende Bedeutung besitzt.

Dies eröffnet die Möglichkeit, traumatische Erfahrungen in ihren negativen Auswirkungen auf die Bindungsentwicklung zum Behandlungsfokus zu erklären. Eine solche Herangehensweise könnte meines Erachtens manche der therapeutischen Fehltritte, die die betroffenen Klientinnen und Klienten schildern, verhindern und die Qualität der Therapie verbessern.

Im Falle früher Traumata heißt dies, Bedingungen zu schaffen, unter denen Gewaltbetroffene ihren inneren Selbstrepräsentanzen und denen zentraler Bindungsfiguren nachspüren und sie Veränderungen zugänglich machen können. Dies ist ein komplexes und vielschichtiges Geschehen, bei dem unterschiedlichste Bindungserfahrungen einfließen und auch „Ersatz-Bindungspersonen“ eine bedeutende Rolle spielen. Je nach Ausmaß des Traumas, den damit verbundenen Bindungsverletzungen und dem daraus resultierenden Strukturniveau ist dabei adäquat zu intervenieren.

In einem ersten Schritt ist zunächst dem zentralen traumatischen Vertrauensmissbrauch durch eine Alternativerfahrung zu begegnen, um eine Annäherung an eine tragfähige Beziehung zu ermöglichen. Auf dem Boden einer sicheren emotionalen therapeutischen Bindungsbeziehung, also von *Bindungssicherheit und Alltagsstabilität*, kann die Entwicklung „internaler Kohärenz und externaler Korrespondenz“ (Grossmann, K. E. 2002, 51) stattfinden. Erst wenn diese Bedingungen erfüllt sind und das „therapeutische Fenster“ (s. Kapitel 4.1.4) sich öffnet, können auch komplexe Traumata und ihre zentralen Bindungsverletzungen mit verschiedensten Methoden bearbeitet und damit möglicherweise auch verarbeitet werden.

Trotz der Suche nach Systematik und Struktur im therapeutischen Beziehungsgeschehen bin ich jedoch der festen Überzeugung, dass konkrete „Anweisungen und Forderungen“ für die praktische Arbeit vor Ort immer nur Anregungen sein können und dürfen. Bindungsorientierte Psychotherapie in Form von Regeln zu organisieren kann einen wichtigen Wissenshintergrund darstellen, vor dem aber letztlich der indikationsspezifische und situationsadäquate Einsatz die eigentliche Qualität der Hilfestellung ausmacht. Weder Theoriefixierung noch pures Verlassen auf Praxisintuition sind meines Erachtens die Lösung. Zielsetzung könnte sein, auf dem Hintergrund von Wissen und Erfahrung eine *„strukturierte Intuition“* zu entwickeln, um indikations- und prozessspezifisch sowie personzentriert und situationsadäquat reagieren zu können.

Dies kann jedoch stets nur eine Zielsetzung darstellen. Gerade sexuelle Gewalterfahrungen sind so vielfältig und in ihren biographischen Schattierungen so schwer systematisierbar, dass es nahezu unmöglich ist, dieser Anforderung gerecht zu werden. So erweist es sich keineswegs immer als geeignet, das Trauma zu bearbeiten. Oftmals ist die Gewalterfahrung zu gravierend, um sich ihr erneut auszusetzen. Dennoch erleben Betroffene auch dann stets eine positive, emotional korrigierende Erfahrung, wenn sie auf Professionelle treffen, die *vor einem Hintergrund von bindungstheoretischem und psychotraumatologischem Wissen feinfühlig und kompetent* auf sie reagieren. Positive Bindungserfahrungen – gleichgültig welcher Intensität und Dauer – werden nach meiner Erfahrung nie freiwillig wieder aufgegeben, sondern als innere Repräsentanz aufbewahrt und lebenslang in irgendeiner Form als stützend erlebt.

Gerade in der postmodernen globalisierten Welt, in die Jugendliche heute hineinwachsen, die von fragmentierten Erfahrungen, pluralen Lebensformen und Milieus und extremer Individualisierung gekennzeichnet ist, sind „soziale Ressourcen“ (Keupp 1997, 66) in Form von beständiger psychosozialer Geborgenheit sehr wichtig. Der modernen Psychotherapie kommt daher die besondere Aufgabe zu, professionelle Zufluchtsorte als positive Gegenerfahrung zu konfusen familiären wie gesellschaftlichen Verhältnissen zu ermöglichen. Insofern greift das zunehmende Interesse an der Bindungstheorie „eine Besorgnis des heutigen Menschen“ (Endres/Hauser 2002, 10) auf, in dieser immer unüberschaubarer werdenden postmodernen Welt Halt zu gewinnen. In der Anpassung an die moderne Umwelt stellen soziale Unterstützung und soziale Kompetenz wichtige Gegenpole zu gesellschaftlichen Vereinzelungsphänomenen und Autonomieanforderungen dar.

Die Bindungstheorie hat damit eine weitreichende Relevanz. Werden die elementaren Bedürfnisse erfüllt und die Entwicklungschancen des Kindes „gut genug“ gefördert, entwickelt sich ein Kind natürlicherweise hin zu Stabilität, Widerstandsfähigkeit und sozialer Kompetenz. Auch im späteren Leben, bei Erwachsenen, aktivieren Belastungssituationen das Bindungssystem. Wenn man sich dann „an andere um Unterstützung wenden kann, und… diese auch annehmen kann, lassen sich meist die Probleme bewältigen. Für die Bindungstheorie ist diese Strategie ein Beleg für psychische

Sicherheit" (Grossmann, K. E. 2002, 78). Dies als natürlichen Prozess zu begreifen und im Gegensatz zu falsch verstandenen Autonomiekonzepten als Ressource zu betrachten ist meines Erachtens eine wichtige Perspektive für alle Bereiche psychosozialer Gesundheit.

Hier gilt es, noch viele anstehende Fragen zu klären, zum Beispiel die genauere Betrachtung unterschiedlicher Einflüsse auf die Entwicklung und Modifikation sicherer und diverser unsicherer internaler Arbeitsmodelle, insbesondere des desorganisierten Bindungsstils. Auch die Unterschiede zwischen früh erworbener Bindungssicherheit und „earned secure" und deren Bedeutung für die therapeutische Beziehung wären eine genauere Betrachtung wert. Eine detailliertere Ausleuchtung der therapeutischen Beziehung und ihrer Wirkung auf verschiedene Arten von Traumatisierung aus mehreren Perspektiven wäre eine ebenso spannende und wichtige Aufgabe. Dabei sollte auch die Untersuchung „erfolgloser Fälle" und niedrigschwelliger Konzepte einbezogen werden. Hier gäbe es noch vieles aufzuzählen.

Meiner Ansicht nach hat hierbei der fruchtbare Dialog zwischen Wissenschaft und Anwendungspraxis – auch wenn er nicht ohne Spannungen verläuft – große Bedeutung. Wenn die Fundierung von Beratung und Therapie und die anwendungsorientierte Bindungsforschung sich gegenseitig befruchten können, kann die Entwicklung – auch unter Einbezug der neurophysiologischen Erkenntnisse – große Fortschritte machen. Bowlby hat sich von Beginn an in dieser Spannung und Hoffnung bewegt, mit seinen wissenschaftlichen und theoretischen Erkenntnissen auch die therapeutische Praxis zu verändern. Insofern ist es umso logischer, dass Wissenschaft und Praxis in der Bindungsforschung eng verschränkt bleiben, dass empirische Modelle in neue Handlungsmodelle einfließen, dort überprüft werden und gemeinsam daraus handlungsrelevante Kriterien für gelingende Hilfeprozesse erarbeitet werden.

Wenn auch der Fokus des Buches eindeutig auf die zentrale Bedeutung der Beziehungsgestaltung in Therapie und Beratung ausgerichtet ist, möchte ich die Beziehung natürlich keineswegs als die einzige therapeutische Strategie verstanden wissen. Ich bin davon überzeugt, dass es über Beziehung hinaus wichtige und wertvolle therapeutische Techniken und Methoden gibt, gerade im Umgang mit Traumata. Aber ich bin aufgrund meiner vielfältigen Erfahrungen mit komplex traumatisierten Klientinnen und Klienten der festen Überzeugung, dass dies nur auf dem Boden und innerhalb einer sicheren, heilsamen und aufrichtigen Beziehung geschehen kann. Dies gilt meines Erachtens nicht nur im engeren psychotherapeutischen Feld, sondern darüber hinaus für den gesamten psychosozialen Arbeitsbereich.

Da ich dieses Buch mit dem Zitat einer Klientin begonnen habe, möchte ich es mit einem weiteren Zitat eines Klienten abschließen, weil ich glaube, dass Professionelle davon profitieren können. Sich in die Erfahrung ihrer Klientinnen und Klienten empathisch einzufühlen und Verständnis zu zeigen kann so stetig auf die Lebenswirklichkeit jener bezogen werden, die diese Erfahrungen tatsächlich durchleben – in einem möglichst aufrichtigen Dialog.

> *„Für mich kann ich sagen, dass ich keinen perfekten Therapeuten brauche, sondern einen Menschen, einen Ort, bei dem ich mit meiner Lebensgeschichte ganz als der, der ich im Augenblick bin, da sein kann.“* (Herr Degan)

Danksagung

Dieses Buch wäre nicht möglich gewesen ohne den Mut und die Offenheit der Frauen und Männer, die bereit waren, ihre schmerzhaften Erfahrungen mit mir zu teilen und sie einer breiteren Öffentlichkeit zum besseren Verständnis ihrer Situation zur Verfügung zu stellen. Ihnen gilt mein aufrichtiger Dank, ebenso wie allen, die mich bei der Suche nach ihnen unterstützten.

Sylvia Rasch-Owald von der GwG (Gesellschaft für wissenschaftliche Gesprächspsychotherapie) verdanke ich die Anregung, meine Gedanken zur Beziehungsorientierung in der Therapie und Beratung sexueller Gewalt in einem eigenen Band herauszuarbeiten und für die Praxis zugänglich zu machen. Ohne ihre „Patenschaft" für das Buch wäre es nicht möglich geworden. Ulrike Landersdorfer vom Reinhardt Verlag hat diese Idee engagiert aufgenommen und tatkräftig unterstützt. Ohne die inhaltliche, formale und ideelle Unterstützung von Ilona Oestreich wiederum wäre das Manuskript niemals in Form gekommen. Ich danke daher allen drei Frauen für eine überaus engagierte Begleitung des Schreibprozesses.

Prof. Dr. Birgit Rommelspacher verdanke ich neben wertvollen Anregungen für dieses Buch und einer jahrelangen engagierten Begleitung durch das Studium die grundsätzliche Ermutigung, Wissenschaft und Praxis stets in einem lebendigen Dialog zu halten. Ihr und Prof. Dr. Anna Auckenthaler möchte ich für eine gelungene Betreuung der diesem Buch vorangegangenen Forschungsarbeit danken, der sie sich – oftmals – widrigen Umständen zum Trotz mit großer Verlässlichkeit gewidmet haben. Prof. Dr. Brigitte Geissler-Piltz danke ich für die produktive Zusammenarbeit und stete Auseinandersetzung im klinischen Feld. In diesem Kontext entstanden viele Ideen für dieses Buch.

Meinem Partner, meiner Familie, Freundinnen und Freunden sowie Kolleginnen und Kollegen möchte ich für ihre entlastende Geduld und liebevolle Unterstützung bei der Entstehung dieses Buches danken, das an vielen Stellen eine Herausforderung für mich darstellte. Das Berliner Programm zur Förderung der Chancengleichheit für Frauen in Forschung und Lehre hat dieses Projekt tatkräftig unterstützt und mir vielfältige Chancen der Weiterqualifizierung und Neuorientierung im Lehr- und Forschungsbereich ermöglicht.

An alle diese hilfreichen Hände nochmals ein herzliches Dankeschön.

Berlin, Januar 2005 — Silke Birgitta Gahleitner

Literatur

Ainsworth, M. D. S., Wittig, B. A. (1969). Attachment and the exploratory behavior of one year olds in a strange situation. Determinants of infant behavior, 4, 113–136.

Amann, G., Wipplinger, R. (1998) (Hrsg.). Sexueller Mißbrauch. Überblick zu Forschung, Beratung und Therapie. Ein Handbuch. Tübingen: DGVT.

–, (1998a). Vorwort. In Amann, Wipplinger (1998), 9–10.

–, (1998b). Verhaltenstherapie mit Opfern eines sexuellen Missbrauchs. In Amann, Wipplinger (1998), 439–464.

Améry, J. (1997). Jenseits von Schuld und Sühne. Bewältigungsversuche eines Überwältigten. Stuttgart: Klett-Cotta/SVK.

Antonovsky, A. (1979). Health, stress and coping. New perspectives and mental and physical well-being. San-Francisco: Jossey-Bass.

– (1997). Salutogenese. Zur Entmystifizierung der Gesundheit. Tübingen: DGVT.

Auckenthaler, A., Helle, M. (2002). Gefühle in der Gesprächspsychotherapie. Psychotherapie im Dialog, 3 (2), 148–152.

Bange, D. (1992). Die dunkle Seite der Kindheit. Sexueller Mißbrauch an Mädchen und Jungen. Ausmaß – Hintergründe – Folgen. Köln: Volksblatt.

–, Deegener, G. (1996). Sexueller Mißbrauch an Kindern. Ausmaß, Hintergründe, Folgen. Weinheim: Beltz – Psychologie Verlags Union.

Bauriedl, Th. (2001). Das Konzept der Beziehungsanalyse in der psychoanalytischen Paar- und Familientherapie. Psyche, 55 (11), 1168–1192.

Beck, A. M., Katcher, A. H. (1996). Between Pets and People. The Importance of Animal Companionship. Washington: Purdue University Press.

Bem, S. L. (1975). Androgyny vs. the tight little lives of fluffy women and chesty men. Psychology Today, 9, 58–62.

Bentovim, A. (1995). Traumaorganisierte Systeme. Systemische Therapie bei Gewalt und sexuellem Mißbrauch in Familien. Mainz: Grünewald.

Bettighofer, S. (1998). Übertragung und Gegenübertragung. Stuttgart: Kohlhammer.

Biermann-Ratjen, E.-M. (2003). Das gesprächspsychotherapeutische Verständnis von Psychotrauma. Person, 128–134.

Birck, A. (2001). Die Verarbeitung sexualisierter Gewalt in der Kindheit bei Frauen in der Psychotherapie. Dissertation im Studienfach Psychologie, Philosophische Fakultät der Universität zu Köln.

Bowlby, J. (1969/1975). Bindung. Eine Analyse der Mutter-Kind-Beziehung. München: Kindler 1975. (Englische Originalausgabe 1969).

– (1975/1976). Trennung. Psychische Schäden als Folge der Trennung von Mutter und Kind. München: Kindler 1976. (Englische Originalausgabe 1975).

– (1980/1983). Verlust – Trauer und Depression. Frankfurt am Main: Fischer Taschenbuch-Verlag 1983. (Englische Originalausgabe 1980).
– (1953/2001). Frühe Bindung und kindliche Entwicklung. (4. neu gest. Aufl. 2001). München/Basel: Ernst Reinhardt. (Englische Originalausgabe 1953).
Bretz, E., Bodenstein, F., Petermann, F. (1994). Sexueller Mißbrauch von Kindern und Jugendlichen: Diagnostik und Prävention. Kindheit und Entwicklung, 3, 39–53.
Briere, J. (1996). Therapy for adults molested as children. Beyond survival (2nd revised and expanded ed.). New York: Springer.
– (1997). Treating adults severely abused as children. The self-trauma model. In D. A. Wolfe, R. J. McMahon, R. DeV. Peters (Eds.), Child abuse. New directions in prevention and treatment across the lifespan. Thousand Oaks, CA: Sage, 177–204.
Brisch, K. H. (1999). Bindungsstörungen. Von der Bindungstheorie zur Therapie. Stuttgart: Klett-Cotta.
– (2003). Bindungsstörungen und Trauma. Grundlagen für eine gesunde Bindungsentwicklung. In K. H. Brisch, T. Hellbrügge (Hrsg.) (2003), 105–135.
–, Hellbrügge, T. (Hrsg.) (2003). Bindung und Trauma. Stuttgart: Klett-Cotta.
Bürgin, D. (1999). Adoleszenz und Trauma. Grundsätzliche und spezifische Aspekte der Behandlung von Jugendlichen mit traumatischen Erfahrungen. In A. Streeck-Fischer (Hrsg.) (1999), 128–160
Butollo, W., Gavranidou, M. (1999). Intervention nach traumatischen Ereignissen. In Oerter, von Hagen, Röper, Noam (1999), 459–477.
–, Hagl, M., Krüsmann, M. (1999). Kreativität und Destruktion posttraumatischer Bewältigung. Forschungsergebnisse und Thesen zum Leben nach dem Trauma. München: Pfeiffer.
–, Krüsmann, M., Hagl, M. (1998). Leben nach dem Trauma. Über therapeutischen Umgang mit dem Entsetzen. München: Pfeiffer.

Cicchetti, D. (1999). Entwicklungspsychopathologie: Historische Grundlagen, konzeptionelle und methodische Fragen, Implikationen für Prävention und Intervention. In Oerter, von Hagen, Röper, Noam (1999), 11–44.
Cole, P. M., Putnam, F. W. (1992). Effect of incest on self and social functioning. A developmental psychopathology perspective. Journal of Consulting and Clinical Psychology, 60, 174–184.
Crittenden, P. M. (1995). Attachment and psychopathology. In S. Goldberg, R. Muir, J. Kerr (Eds.), John Bowlby's Attachment Theory: Historical, clinical, and social significance. New York: The Analytic Press, 367–406.
– (1997). Toward an integrative theory of trauma: A dynamic maturation approach. In D. Cicchetti, S. L. Toth (Eds.), Developmental perspectives on trauma: Theory, research, and intervention. Rochester Symposium on Developmental Psychopathology (Vol. 8). Rochester: University of Rochester Press, 33–84.

Diedrich, U. (1996). Sexuelle Mißhandlung in der DDR. Verdrängung des Themas und die Folgen. In G. Hentschel (Hrsg.), Skandal und Alltag. Sexueller Mißbrauch und Gegenstrategien. Berlin: Orlanda, 53–67.
Döring, E. (2004). Personzentrierte Psychotherapie mit Kindern und Jugendlichen.

Was hilft Spielen mit traumatisierten Kindern und Jugendlichen? Gesprächspsychotherapie und Personzentrierte Beratung, 35 (3), 193–198.

Egle, U. T., Hoffmann, S. O. (2000). Pathogene und protektive Entwicklungsfaktoren in Kindheit und Jugend. In U. T. Egle, S. O. Hoffmann, P. Joraschky (Hrsg.) (2000), 3–22.

–, Joraschky, P. (Hrsg.) (2000). Sexueller Missbrauch, Misshandlung, Vernachlässigung. Erkennung und Therapie psychischer und psychosomatischer Folgen früher Traumatisierungen (2. erw. Aufl.). Stuttgart: Schattauer.

Enders, U. (1995). Zart war ich, bitter war´s. Sexueller Mißbrauch an Mädchen und Jungen. Köln: Kiepenheuer & Witsch.

Endres, M., Hauser, S. (Hrsg.) (2002). Bindungstheorie in der Psychotherapie. München / Basel: Ernst Reinhardt

–, (2002). Bindungstheorie und Entwicklungspsychologie – einführende Anmerkungen. In M. Endres, S. Hauser (Hrsg.) (2002), 9–17.

Fegert, J. M. (1990). Sexueller Mißbrauch bei Jugendlichen. In H.-C. Steinhausen (Hrsg.), Das Jugendalter. Entwicklungen – Probleme – Hilfen. Bern: Hans Huber, 120–133.

– (1991). Glaubensbekenntnis und Gruppenjargon – Streitpunkte und Standpunkte zur Diskussion um „Sexuellen Missbrauch“. In D. Janshen (Hrsg.), Sexuelle Gewalt. Die allgegenwärtige Menschenrechtsverletzung). Frankfurt am Main: Zweitausendeins, 47–85.

– (1994, Februar). Sexuelle Gewalt gegen Kinder – geschlechtsspezifische Verarbeitung bei den Betroffenen und Gegenübertragungsreaktionen, Reaktionen sowie Vorurteile bei den BehandlerInnen. Unveröffentlichtes Manuskript des Vortrages auf der Tagung der Deutschen Gesellschaft für Verhaltenstherapie (DGVT) in Berlin.

Ferenczi, S. (1933 / 1972). Schriften zur Psychoanalyse (Band 2). Frankfurt am Main: Fischer 1972. (Originalausgabe 1933).

Finkelhor, D., Browne, A. (1985). The traumatic impact of child sexual abuse: A conceptualization. American Journal of Orthopsychiatry, 55, 530–541.

Fischer, G., Riedesser, P. (2003). Lehrbuch der Psychotraumatologie. München/ Basel: Ernst Reinhardt.

– (2000). Mehrdimensionale Psychodynamische Traumatherapie MPTT. Manual zur Behandlung psychotraumatischer Störungen. Heidelberg: Asanger.

Flatten, G., Hofman, A., Liebermann, P., Wöller, W., Siol, T., Petzold, E. (2001). Posttraumatische Belastungsstörung. Leitlinie und Quellentexte. Stuttgart: Schattauer.

Foa, E. B., Zinbarg, R., Rothbaum, B. O. (1992). Uncontrollability and unpredictability in post-traumatic stress disorder. An animal model. Psychological Bulletin, 112, 218–238.

Fonagy, P. (1999). Frühe Bindung und die Bereitschaft zu Gewaltverbrechen. In A. Streeck-Fischer (Hrsg.) (1999), 91–127.

– (2003). Bindungstheorie und Psychoanalyse. Stuttgart: Klett-Cotta.

–, Steele, M., Steele, H., Leigh, T., Kennedy, R., Mattoon, G., Target, M. (1995). Attachment, the reflective self, and borderline states: the predictive specificity of the Adult Attachment Interview and pathological emotional development. In S. Goldberg, R. Muir, J. Kerr (Eds.), Attachment Theory: Social, Developmental and Clinical Perspectives. New York: Analytic Press, 233–278.

Gahleitner, S. B. (2001). Lichtblicke und Dunkelfelder – Psychosoziale Antworten auf sexuelle Gewalt im Wandel der Zeit. Quer denken – lesen – schreiben. Gender-/Geschlechterfragen update, 4, 4–8.
– (2003). Sexuelle Gewalterfahrung und ihre Bewältigung bei Frauen und Männern. Eine explorative Untersuchung aus salutogenetischer Perspektive. Dissertation an der Freien Universität Berlin, Fachbereich Erziehungswissenschaft und Psychologie.
– (2004a). „Ich wusste, das ist hier verschlossen und das musste dort bleiben". Sexuelle Gewalterfahrung – (k)ein Thema im Alter. Psychologie & Gesellschaftskritik, 28 (1), 55–69.
– (2004b). Psychosoziale Diagnostik und Intervention bei komplexer Traumatisierung. Unveröffentlichtes Manuskript des Vortrags auf dem VI. Kongress der Fachgruppe Gesundheitspsychologie in der Deutschen Gesellschaft für Psychologie: Gesundheit – Risiko, Chancen und Herausforderung in Leipzig.
Garbe, E. (1993). Martha. Psychotherapie eines Mädchens nach sexuellem Missbrauch. Münster: Votum.
– (1998). Integrative Therapie mit Opfern sexuellen Mißbrauchs. In Amann, Wipplinger (1998), 500–519.
Gloger-Tippelt, G. (2001). Das Adult Attachment Interview: Durchführung und Auswertung. In G. Gloger-Tippelt (Hrsg.), Bindung im Erwachsenenalter. Ein Handbuch für Forschung und Praxis. Bern: Hans Huber, 102–120.
Godenzi, A. (1993). Gewalt im sozialen Nahraum. Basel/Frankfurt am Main: Helbing & Lichtenhahn.
Grawe, K. (1998). Psychologische Therapie. Göttingen/Toronto/Zürich: Hogrefe.
– (2004). Neuropsychotherapie. Göttingen: Hogrefe.
Greenberg, L. S., Paivio, S. C. (1997). Working with emotions in psychotherapy. New York: Guilford Press.
Grossmann, K. (2002). Praktische Anwendungen der Bindungstheorie. In M. Endres, S. Hauser (Hrsg.) (2002), 54–80.
Grossmann, K. E. (2002). Die Entwicklung von Bindungsqualität und Bindungsrepräsentation. Auf der Suche nach der Überwindung psychischer Unsicherheit. In M. Endres, S. Hauser (Hrsg.) (2002), 38–53.
–, Grossmann, K. (2001). Die Bedeutung sprachlicher Diskurse für die Entwicklung internaler Arbeitsmodelle von Bindung. In G. J. Suess, H. Scheurer-Englisch, W.-K. P. Pfeiffer (Hrsg.) (2001), 75–101.
Gutjahr, K., Schrader, A. (1990). Sexueller Mädchenmissbrauch. Ursachen, Erscheinungen, Folgewirkungen und Interventionsmöglichkeiten. Köln: PapyRossa.

Hauser, S., Endres, M. (2002). Therapeutische Implikationen der Bindungstheorie. In M. Endres, S. Hauser (Hrsg.) (2002), 159–176.
Heinerth, K. (2004). Von der Akuten zur Posttraumatischen Belastungsreaktion. Gesprächspsychotherapie und Personzentrierte Beratung, 35 (3), 155–170.

Hentschel, G. (Hrsg.) (1996). Skandal und Alltag. Sexueller Mißbrauch und Gegenstrategien. Berlin: Orlanda.

Herman, J. L. (1992). Trauma and recovery. From domestic abuse to political terror. London: Harper Collins Publishers.

Hermer, M. (2000). Alte und neue Fragen nach hundert Jahren Psychotherapie. In M. Hermer (Hrsg.), Psychotherapeutische Perspektiven des 21. Jahrhunderts. Tübingen: DGVT, 11–40.

Hesse, E., Main, H. (2002). Desorganisiertes Bindungsverhalten bei Kleinkindern, Kindern und Erwachsenen. Zusammenbruch von Strategien des Verhaltens und der Aufmerksamkeit. In K. H. Brisch, K. E. Grossmann, K. Grossmann, L. Köhler (Hrsg.), Bindung und seelische Entwicklungswege. Vorbeugung, Interventionen und klinische Praxis. Stuttgart: Klett-Cotta, 219–248.

Hirsch, M. (1998). Zur psychoanalytischen Therapie bei Opfern sexuellen Mißbrauchs. In Amann, Wipplinger (1998), 465–485.

Hofmann, A., Besser, L.-U. (2003). Psychotraumatologie bei Kindern und Jugendlichen. Grundlagen und Behandlungsmethoden. In K. H. Brisch, T. Hellbrügge (Hrsg.) (2003), 172–202.

Hofmann, R. (2002). Bindungsgestörte Kinder und Jugendliche mit einer Borderline-Störung. Ein Praxisbuch für Therapie, Betreuung und Beratung. Stuttgart: Klett-Cotta.

Horowitz, M. J. (1976/1986). Stress response syndromes (2nd ed. 1986) New York: Jason Aronson. (Originalausgabe 1976).

Hurrelmann (1995). Lebensphase Jugend. Chancen und Risiken für eine gesunde Persönlichkeitsentwicklung. In A. Hundsalz, H.-P. Klug, H. Schilling (Hrsg.), Beratung für Jugendliche. Lebenswelten, Problemfelder, Beratungskonzepte. Bundeskonferenz für Erziehungsberatung. Weinheim: Juventa, 31–46.

Jakobvitz, D., Hazen, N., Thalhuber K. (2001). Die Anfänge von Bindungs-Desorganisation in der Kleinkindzeit: Verbindungen zu traumatischen Erfahrungen der Mutter und gegenwärtiger seelisch-geistiger Gesundheit. In G. J. Suess, H. Scheurer-Englisch, W.-K. P. Pfeiffer (Hrsg.) (2001), 125–156.

Janoff-Bulman, R. (1985). The aftermath of victimization: Rebuilding shattered assumptions. In C. Figley (Ed.), Trauma and its wake. The study and treatment of post-traumatic stress disorder. New York: Brunner/Mazel, 15–35.

Jehu, D. (1992). Personality problems among adults molested as children. Sexual and Marital Therapy, 7, 231–249.

Joraschky, P. (2000). Die Auswirkungen von Vernachlässigung, Misshandlung, Missbrauch auf Selbstwert und Körperbild. In U. T. Egle, S. O. Hoffmann, P. Joraschky (Hrsg. (2000), 117–130.

Kavemann, B. (1996). Täterinnen – Frauen, die Mädchen und Jungen sexuell mißbrauchen. In G. Hentschel (Hrsg.), Skandal und Alltag. Sexueller Mißbrauch und Gegenstrategien. Berlin: Orlanda, 246–261.

Keilson, H. (1979). Sequentielle Traumatisierung bei Kindern. Stuttgart: Enke.

Kern, E. (2004). „Die Hölle, das sind die Anderen!?" – Personzentrierte Gruppenpsychotherapie bei PatientInnen mit Posttraumatischen Belastungsstörungen. Gesprächspsychotherapie und Personzentrierte Beratung, 35 (3), 177–192.

Kernberg, O. F. (1999). Persönlichkeitsentwicklung und Trauma. Persönlichkeitsstörungen, 3, 5–15.
Keupp, H. (1997). Ermutigung zum aufrechten Gang. Tübingen: DGVT.
König, C., Fegert, J. M. (in Druck). Psychotherapie bei misshandelten und missbrauchten Kindern und Jugendlichen. In U. T. Egle, S. O. Hoffmann, P. Joraschky (Hrsg.): Sexueller Missbrauch, Misshandlung, Vernachlässigung. Erkennung und Therapie psychischer und psychosomatischer Folgen früher Traumatisierungen (3. erw. Aufl.). Stuttgart: Schattauer. 501–516.

Lazarus R. S., Folkman, S. (1984). Stress, appraisal, and coping. New York: Springer.
Leitenberg, H., Greenwald, E., Cado, S. (1992). A retrospective study of long-term methods of coping with having been sexually abused during childhood. Child Abuse & Neglect, 16, 399–407.
Lew, M. (1993). Als Junge mißbraucht. Wie Männer sexuelle Ausbeutung in der Kindheit verarbeiten können. München: Kösel.
Lindsay, D. S., Briere, J. (1997). The controversy regarding memories of childhood sexual abuse. Pitfalls, bridges and future directions. Journal of Interpersonal Violence, 12, 631–647.
Linke, S. (2003). Die Borderline-Problematik bei Mädchen und jungen Frauen im sozialtherapeutischen und stationären Betreuungskontext. Unveröffentlichte Diplomarbeit an der Katholischen Hochschule für Sozialwesen Berlin.
Loch, U. (2004). Sexualisierte Gewalt und Nationalsozialismus. Biographien von Töchtern aus nationalsozialistischen Täter- und Mitläuferfamilien. Unveröffentlichte Dissertation am Fachbereich Sozialwesen der Universität Kassel.

Main, M. (2001). Aktuelle Studien zur Bindung. In G. Gloger-Tippelt (Hrsg.), Bindung im Erwachsenenalter. Ein Handbuch für Forschung und Praxis. Bern: Hans Huber, 1–51.
Markner, J. (2004). Jugendliche mit Borderline-Problematik in therapeutischen Jugendwohngruppen: Inwiefern beantworten bestehende Konzepte die individuellen Problemlagen, Erwartungen und Bedürfnisse Betroffener? Unveröffentlichte Diplomarbeit an der Alice-Salomon-Hochschule für Sozialarbeit und Sozialpädagogik Berlin.
Masson, J. M. (1984). The Assault on Truth: Freud's Suppression of the Seduction Theory. New York: Farrar, Straus and Giroux.
Meyer, I. (2004). Die subjektive Sicht früh traumatisierter Mütter auf ihre Beziehung zu ihren Kleinkindern. Unveröffentlichte Diplomarbeit an der Technischen Universität, Fakultät V, Institut für Psychologie und Arbeitswissenschaft, Berlin.
Müller-Hohagen, J. (1994). Geschichte in uns. Seelische Auswirkungen bei den Nachkommen von NS-Tätern und Mitläufern. München: Knesebeck.

Oerter, R., von Hagen, C., Röper, G., Noam, G. (Hrsg.) (1999). Klinische Entwicklungspsychologie. Ein Lehrbuch. Weinheim: Beltz – Psychologie Verlags Union.
Olbrich, E., Otterstedt, C. (2003). Menschen brauchen Tiere. Grundlagen und Praxis der tiergestützten Pädagogik und Therapie. Stuttgart: Kosmos.

Olbricht, I. (1997). Folgen sexueller Traumatisierung für die weitere Lebensgestaltung. In M. Wicker (Hrsg.), Jubiläumsschrift der Abteilung für Psychosomatik in der Wicker-Klinik. Bad Wildungen: Wicker-Kliniken, 77–86.
Orlinsky, D. E., Grawe, K., Parks, R. (1994). Process and outcome in psychotherapy. In A. E. Bergin, S. L. Garfield (Eds.), Handbook of psychotherapy and behavior change, London: Wiley, 270–376.
Orth, I., Petzold, H. (1996). Beziehungsmodalitäten – ein integrativer Ansatz für Therapie, Beratung, Pädagogik. In H. Petzold, J. Sieper (Hrsg.), Integration und Kreation. Modelle und Konzepte der Integrativen Therapie, Agogik und Arbeit mit kreativen Medien (Band 1; 2. Aufl.). Paderborn: Junfermann, 117–124.

Paolucci, O. E., Genius, M. L., Violato, C. (2001). A meta-analysis of the published research on the effects of child sexual abuse. The Journal of Psychology, 135, 17–36.
Pennebaker, J. W., Beall, S. K. (1986). Confronting a traumatic event: toward an understanding of inhibition and disease. Journal of Abnormal Psychology, 95, 274–281.
Perrott, K., Morris, E., Martin, J., Romans, S. (1998). Cognitive coping styles of women sexually abused in childhood: A qualitative study. Child Abuse and Neglect, 22 (11), 1135–1149.
Petzold, H. G., Wolf H. U., Landgrebe, B., Zorica, J. (2000). „Integrative Traumatherapie“ – Modelle und Konzepte für die Behandlung von Patienten mit „posttraumatischer Belastungsstörung“. In B. A. van der Kolk, A. C. McFarlane, L. Weisaeth (Hrsg.), Traumatic Stress. Grundlagen und Behandlungsansätze. Theorie, Praxis und Forschung zu posttraumatischem Streß sowie Traumatherapie. Paderborn: Junfermann, 445–549.

Raak, W. (1996). Effektiver Opferschutz bzw. Kinderschutz durch Zusammenarbeit – das Kerpener Modell. In Senatsverwaltung für Schule, Jugend und Sport (Hrsg.), Vom Umgang der Jugendhilfe und der Justiz mit dem Kinderschutz. Bericht über die interdisziplinäre Fachtagung der sozialpädagogischen Fortbildungsstätte Haus Koserstraße. Berlin: Druckerei Konrad, 60–65.
Rasch-Owald, S. (2004). Editorial zum Themenheft Trauma. Gesprächstherapie und Personzentrierte Beratung, 35 (3).
Reddemann, L. (2001). Imagination als heilsame Kraft. Zur Behandlung von Traumafolgen mit ressourcenorientierten Verfahren. Stuttgart: Pfeiffer bei Klett-Cotta.
–, Sachsse, U. (1999). Trauma first! Persönlichkeitsstörungen, 3, 16–20.
–, (2000). Traumazentrierte imaginative Therapie. In U. T. Egle, S. O. Hoffmann, P. Joraschky (Hrsg.) (2000), 375–389.
Riedesser, P., Fischer, G., Schulte-Markwort, M. (1999). Zur Entwicklungspsychologie und -pathologie des Traumas. In A. Streeck-Fischer (Hrsg.), Adoleszenz und Trauma. Göttingen: Vandenhoeck & Ruprecht, 79–90.
Rogers, C. R. (1957). The necessary and sufficient conditions of therapeutic personality change. Journal of Consulting Psychology, 21, 95–103.
– (1967). The Interpersonal Relationship in the Facilitation of Learning. In T. Leeper (Ed.), Humanizing education. The person in the process. Addresses at the

22nd ASCD Annual Conference, Dallas, Texas, March 12–16, 1967. Washington: National Education Association, 1–18.
– (1959/1987). Eine Theorie der Psychotherapie, der Persönlichkeit und der zwischenmenschlichen Beziehungen. Entwickelt im Rahmen des klientenzentrierten Ansatzes. Köln: GwG 1987. (Original erschienen 1959).
–, Buber, M. (1957/1960). Dialogue Between Martin Buber and Carl Rogers. 1957. Psychologia. An International Journal of Psychology in the Orient, 1960, 3(4), 208–221.
Rommelspacher, B. (1989). Sexueller Mißbrauch von Mädchen. Feministische Erklärungsansätze. Psychologie und Gesellschaftskritik, 13 (4), 87–103.
– (1996). Kontroverse Diskurse. Sexueller Mißbrauch und seine Ideologien. In G. Hentschel (Hrsg.), Skandal und Alltag. Sexueller Mißbrauch und Gegenstrategien. Berlin: Orlanda, 17–34.
Röper, G., Noam, G. (1999). Entwicklungsdiagnostik in klinisch-psychologischer Therapie und Forschung. In Oerter, von Hagen, Röper, Noam (1999), 218–239.
Rossilhol, J.-B. (2002). Sexuelle Gewalt gegen Jungen. Dunkelfelder. Marburg: Tectum.
Roth, G. (1997). Zwischen Täterschutz, Ohnmacht und Parteilichkeit. Zum institutionellen Umgang mit „Sexuellem Mißbrauch". Bielefeld: Kleine.
Roth, S., Batson, R. (1997). Naming the shadows. A new approach to individual and group psychotherapy for adult survivors of childhood incest. New York: Free Press.
–, Newman, E. (1991). The process of coping with trauma. Journal of Traumatic Stress, 4, 279–297.
Rush, F. (1982/1991). Das bestgehütete Geheimnis. Sexueller Kindesmißbrauch (6. Aufl. 1991). Berlin: Orlanda. (Originalausgabe 1982).
Russel, D. E. H. (1986). The secret trauma. Incest in the lives of girls and women. New York: Basic Books.
Rutschky, K. (1992). Erregte Aufklärung. Kindesmißbrauch: Fakten und Fiktionen. Hamburg: Klein.
–, Wolff, R. (1994). Handbuch Sexueller Mißbrauch. Hamburg: Klein.

Schlingmann, T. u. a. (2000). Selbsthilfe – Ein taugliches Konzept für Männer, die als Junge Opfer sexualisierter Gewalt geworden sind? In H.-J. Lenz (Hrsg.), Männliche Opfererfahrungen. Problemlagen und Hilfeansätze in der Männerberatung. Weinheim: Juventa, 236–250.
Schmid, K. (1998). Die Bedeutung der Aufdeckung von sexuellem Mißbrauch für Mädchen und Frauen. Münster: Waxmann.
Schmid, P. F. (2002). Die therapeutische Beziehung als personale Herausforderung. Vortrag beim 34. Weinsberger Kolloquium. Zugleich Jahrestagung der Ärztlichen Gesellschaft für Gesprächspsychotherapie (ÄGG) 2002 „Selbstentfaltung und therapeutische Beziehung", 13. September 2002. Online verfügbar unter: http://pfs-online.at/papers/paper-weinsberg.pdf [20.09.2004].
Seagull, E. A., Seagull, A. A. (1991). Healing the wound that must not heal: psychotherapy with survivors of domestic violence. Psychotherapy, 28 (1), 16–20.
Sieverding, M. (1992). Weiblichkeit – Männlichkeit und psychische Gesundheit. In E. Brähler, H. Felder (Hrsg.), Weiblichkeit, Männlichkeit und Gesundheit.

Medizinpsychologische und psychosomatische Untersuchungen. Opladen: Westdeutscher Verlag, 33–63.

Spaccarelli, S. (1994). Stress, appraisal, and coping in child sexual abuse: A theoretical and empirical review. Psychological Bulletin, 116, 340–362.

–, Fuchs, C. (1998). Kognitive Bewertung und Coping bei sexuellem Mißbrauch an Kindern. In Amann, Wipplinger (1998), 287–309.

Spangler, G. (2001). Die Psychobiologie der Bindung: Ebenen der Bindungsorganisation. In G. J. Suess, H. Scheurer-Englisch, W.-K. P. Pfeiffer (Hrsg.) (2001), 157–177.

Steele, H., Steele, M., Fonagy, P. (1996). Associations among attachment classifications of mothers, fathers and their infants: Evidence for a relationship-specific perspective. Child Development, 67, 541–555.

Stern, D. (1992). Die Lebenserfahrung des Säuglings. Stuttgart: Klett-Cotta.

Streeck-Fischer, A. (1999). Einleitung. In A. Streeck-Fischer (Hrsg.) (1999), 7–12.

– (Hrsg.) (1999). Adoleszenz und Trauma. Göttingen: Vandenhoeck & Ruprecht.

Suess, G. J., Scheurer-Englisch, H., Pfeiffer, W.-K. P. (Hrsg.) (2001). Bindungstheorie und Familiendynamik. Anwendung der Bindungstheorie in Beratung und Therapie. Gießen: Psychosozial

Summit, R. C. (1983). The child sexual abuse accomodation syndrome. Child Abuse & Neglect, 7, 177–193.

Tedeschi, R. G., Calhoun, L. G. (1995). Trauma and transformation. Growing in the aftermath of suffering. Thousand Oaks, CA: Sage Publications.

Teegen, F., Beer, M., Parbst, B., Timm, S. (1992). Sexueller Mißbrauch von Jungen und Mädchen: Psychodynamik und Bewältigungsstrategien. In M. Gegenfurtner, W. Keuken (Hrsg.), Sexueller Mißbrauch von Kindern und Jugendlichen. Diagnostik – Krisenintervention – Therapie. Magdeburg: Westarp-Wissenschaften, 11–31.

Terr, L. C. (1995). Childhood traumas: An outline and overview. In G. S. Everly, J. M. Lating (Eds.), Psychotraumatology: Key papers and core concepts in posttraumatic stress. New York: Plenum, 301–319.

Tolentino, C. P. (1992). Coping with child sexual abuse and its meanings: Adult female survivors' perspective. Doctoral Dissertation, University of Illinois at Urbana-Champaign.

van Balen, R. (1992). Die therapeutische Beziehung bei C. Rogers: Nur ein Klima, ein Dialog oder beides? Jahrbuch für personzentrierte Psychologie und Psychotherapie, 3, 162–183.

van der Kolk, B. A. (1999). Zur Psychologie und Psychobiologie von Kindheitstraumata (Developmental Trauma). In A. Streeck-Fischer (Hrsg.) (1999), 32–56.

–, Burbridge, J. A., Suzuki, J. (1999). Die Psychobiologie traumatischer Erinnerungen. Klinische Folgerungen aus Untersuchungen mit bildgebenden Verfahren bei Patienten mit posttraumatischer Belastungsstörung. In A. Streeck-Fischer (Hrsg.) (1999), 57–78.

–, Pelcowitz, D., Roth, S., Mandel, F. S., McFarlane, A., Herman, L. H. (1996). Dissociation, somatization, and affect dysregulation: The complexity of adaption to trauma. American Journal of Psychiatry, Festschrift Supplement, 153 (7), 83–93.

van Outsem, R. (1993). Sexueller Mißbrauch an Jungen. Forschung – Praxis – Perspektiven. Ruhnmark: Donna Vita.

Vaughn, B. E., Heller, C., Bost, K. K. (2001). Bindung und Gleichaltrigenbeziehung während der frühen Kindheit. In G. J. Suess, H. Scheurer-Englisch, W.-K. P. Pfeiffer (Hrsg.) (2001), 53–82.

Wirtz, U. (1989/1990). Seelenmord. Inzest und Therapie (2. Aufl. 1990). Zürich: Kreuz. (Originalausgabe 1989).

Wyatt, G. E., Newcomb, M. D., Riederle, M. H. (1993). Sexual abuse and consensual sex. Women's developmental patterns and outcomes. Newbury Park, Beverly Hills, London, New Delhi: Sage.

Sachregister

Abstinenz 122, 113 f
Abwehr 21, 23 f, 37, 53, 104, 119–121
Abwehrmechanismen 23, 57
–, psychische 19
Adoleszenz 43 f, 58–60
Adoleszenzkrise 60, 81
Affekt 35, 42, 53, 56–58, 101, 104, 109
Affektdysregulierung 57
Aggression *(s. a. Autoaggression)* 24, 30–32, 44, 75 f
Ambivalenz 29, 40, 83, 125
Analyse 99
–, mutuelle 99, 113
– von Ressourcen 99
Angstbindung s. *Bindung*
Arbeitsbündnis, therapeutisches 92, 113, 123
Arbeitsmodell 63, 124
–, inneres/internales 51, 54, 109, 131
Auflösung der Ich-Grenzen 22
Autoaggression *(s. a. Aggression)* 30–32, 73, 78
Autonomie 59, 110

Behandlung 82 f, 96 – 99, 109, 113–117
– von Trauma s. *Traumabehandlung*
Behandlungskonzept 17, 96–99
Behandlungsverlauf 99
Beschwerden, psychosomatische 58, 71, 105 f, 117, 125
Bewältigungsstrategien 98
Beziehung 36, 58, 64
–, Eltern-Kind- 52, 69, 78, 99, 125 f
–, Täter-Opfer- 19 f, 29
–, therapeutische 71, 92 f 95–128
Beziehungsfähigkeit 97, 109
Bezugsperson 26, 50–58, 63 f, 80, 99, 108, 114
–, primäre 49 – 51, 55–57, 61
Bindung 26, 37, 49–56, 68 f, 119, 123
–, Angst- 53, 65
–, desorganisierte 54, 124
–, emotionale 51
–, Mutter-Kind- 62 f, 69
–, sichere 50, 52 f, 56, 62, 72, 124
–, therapeutische 104, 109
–, unsicher-ambivalente 50, 52
–, unsicher-vermeidende 50, 52, 125
Bindungsbedürfnis 50, 120
Bindungsbeziehung 50, 52, 62, 68
–, sichere 52
–, therapeutische 115, 129
Bindungsentwicklung 52
Bindungsfigur *(s. a. Bindungsperson)* 50, 52, 129
Bindungshaltung s. *Bindungsrepräsentanzen*
Bindungskonflikt 53
Bindungskontext 53 f
Bindungsmodell s. *Bindungsmuster*
Bindungsmuster 24 f, 34, 54, 63, 108, 124
–, autonomes 52
–, chaotisch-desorganisiertes 24, 55
–, desorganisiertes 54, 131
–, dysfunktionales 58
–, konsistentes 54
–, pathologisches 54
–, präokkupiertes 52
–, sicheres 52
–, unsicher-distanzierendes 52
–, verwickeltes 52
Bindungsorganisation 51, 66, 55

Bindungsperson *(s. a. Bindungsfigur)* 49f, 54f, 57, 63, 109, 129
Bindungsqualität 52, 56, 72
Bindungsrepräsentatanzen 51f, 59, 115
–, stabile 59
Bindungssicherheit 52f, 61, 116f, 122, 124, 126, 129, 131
–, verdiente 61, 77, 122–124, 131
Bindungsstil s. *Bindungsmuster*
Bindungsstörungen 119, 124, 54f, 64, 98, 108
Bindungssystem 51, 53f 123, 131
Bindungstrauma 117
Bindungstyp s. *Bindungsmuster*
Bindungsunsicherheit 98, 123, 128
Bindungsverhalten 50, 53f, 62, 103
Bindungsverlust 53, 55
Bindungswünsche 119
Borderline-Störungen 35, 60, 66, 81, 98, 117–119

Coping 34, 42, 47
–, emotionsfokussiertes 42
– -Modelle 35, 39
– -Stil 36
– -Strategie 34, 39

Depression 21, 24f 30, 40, 43, 60, 66, 70, 74, 78, 84, 107
Dissoziation 22f, 34, 69, 104
Distanzlosigkeit 25

earned secure s. *Bindungssicherheit*
Einzeltherapie 127
Engagement, partielles 99, 122
Erinnerungen 27, 38f, 52, 71, 73, 75, 79, 81, 84, 89, 97, 104, 106, 126f
– des Körpers 47
–, traumatische 28f, 46, 60, 75
Erinnerungslücken 22, 27, 59
Erlernte Hilflosigkeit s. *Hilflosigkeit*
Exploration 50, 103
Explorationssystem 123
Explorationsverfahren 99

Familiensystem 58, 83

Feinfühligkeit des Therapeuten 108
Feministischer Ansatz 16
Fünf Säulen d. Identität s. *Identität*

Gegenübertragung *(s. a. Übertragung)* 81, 113, 115f
Geheimhaltung *(s. a. Verleugnung)* 24, 27, 29
Geschlechtsrolle 45
geschlechtsspezifisch 17, 43–45, 47, 92, 94
Grenzen 25, 46, 86, 99, 102, 105, 115, 121–123

Hilflosigkeit 23, 26f, 34, 48, 65, 91, 101, 120, 127
–, erlernte 101

Ich-Stärke 45, 104
Identifikation 26
Identität, Fünf Säulen der 99
Interaktion 23, 35, 49, 51f, 58, 102, 115

Jugendhilfe 98, 116, 119, 125

Kinderschutz 16–18
Kindesmisshandlung 16, 54
Kohärenz 129
Konflikte 102, 105, 114, 116, 125, 127
Konfrontation 40, 57, 72, 111
– der Eltern 79
– des Täters 40, 89
Körper 23f, 28, 41f, 49, 57, 59, 61, 70, 82, 87–89, 106f
Körperbild 23, 88f, 106, 127
Körpererinnerung 47, 101
Körperkontakt 18, 32, 105f, 122
Körperreaktionen 64, 69
Körpertherapie 71, 92, 100–102, 107
Kreative Medien s. *Medien*
Krise 20, 56, 59–61, 73, 75f, 78, 81f, 84, 88, 91, 100, 103, 106f, 118

Leidensdruck 44, 81

Medien, kreative 101, 106, 126

Methoden, verhaltenstherapeutische 100, 114, 116
Missbrauchssituation 19, 27, 95
Misstrauen 46, 81, 116, 125
Mutuelle Analyse *s. Analyse*

Nähe und Distanz 115, 122

Ohnmacht *(s. a. Hilflosigkeit)* 21, 23, 26, 33, 37, 57, 65, 69, 73, 81, 115

Partnerschaft 21, 32–34, 44, 70, 73, 123, 126
Persönlichkeitsstörungen *(s. a. Borderline-Störung)* 35, 66, 117f
Phantasie 15, 31, 83, 106
–, gewalttätige 44
–, sexuelle 25, 33, 37, 85
Phase der Anpassung 36, 40
– der Aufarbeitung 40, 102, 107
– der Bewältigung 37–39
– der Kompensation 36–38
– der Trauer 126–128
– der Überflutung 36
– der Vermeidung 36
– des Vorankommens 40
– des Abschieds 102, 116, 128
– des Durchhaltens 40
Promiskuität 32f
Prostitution 32f, 118f
Psychoanalyse 113f
Psychosomatische Beschwerden *s. Beschwerden*
Psychotherapie 45, 69, 81, 93, 95, 97,100, 102, 109–111, 114, 116, 118, 120, 126, 128, 130

Reflektionsfähigkeit 84
Regression 119
Repräsentanzen 22, 59, 113, 115, 129
Ressourcen 20, 35, 45–47, 57, 71, 86, 96, 99, 101, 130
Ressourcenanalyse *s. Analyse*
Retraumatisierung 42f, 47, 66, 91, 94, 104, 116, 121
Rollenumkehr 55

Säugling 18, 49f, 56, 86, 91, 118
Schuldgefühle 26–28, 88, 96, 127
Schuldzuweisung 15f, 18, 26
Selbsthilfegruppe 66f, 73, 77, 79, 80–82, 86, 90, 92, 120, 123
Selbstwahrnehmung 23f, 28, 35
Selbstwert 25
Selbstwertgefühl 21, 27, 40, 58, 67, 75, 126
Sexualität 21, 25, 32f, 37, 59f, 65, 85
Sicherheit 23, 46, 50, 53, 76, 84, 91, 98f, 102f, 110, 117, 123
Solidarität 66
Störungen 21, 58–60, 96, 99f
–, Angst- 66
–, Entwicklungs- 57
–, Ess- 44, 59, 70, 122
–, Konzentrations- 21, 73
–, posttraumatische Belastungs- 20–22, 84, 117
–, Schlaf- 21, 37, 59, 107
–, sexuelle 32, 59
–, Sprach- 21, 29–31, 54
Stress-Response-Modell 35–37
Suizidgefahr 88

Therapie, Integrative 99
Trauer 42, 66, 72, 75, 85, 90, 122, 126f
Traumaarbeit 17, 101
Traumabehandlung 103, 113, 115, 129
Traumabewältigung 36
Traumagedächtnis 46
Traumakompensation 36–38
Traumaschema 36
Traumatisierung 22f, 31, 47, 56–58, 96, 131
Traumaverarbeitung 42
Trennung 49, 62, 99, 105

Übertragung *(s. a. Gegenübertragung)* 105f, 113, 115f
–, negative 111
Übertragungsbeziehung 113
Übertragungsgeschehen 113, 115
Übertragungsphänomene 110, 113

Verdrängung 21, 40

Vergewaltigung 18, 33, 44, 75, 78
Verhaltenstherapeutische Methoden
s. Methoden
Verleugnung *(s. a. Geheimhaltung)*
21, 26, 28, 39f
Vernachlässigung 104
– des Kindes 78
Vertrauen 19, 24–26, 45, 53, 65, 76,
78, 107
Vertrauensfähigkeit 97
Vertrauensmissbrauch 33, 93,
108–110, 115, 129
Vertrauensverlust 92, 111, 113

Wahrnehmung 30, 37f, 56f
Wahrnehmungsdefizite 101
Wahrnehmungsverzerrung 54, 97
Wut 31, 75, 84f, 127

Zusammenarbeit 17, 76, 79, 93, 98f,
103, 105, 107, 119
Zuweisung von Schuld
s. Schuldzuweisung
Zuwendung 28, 83

Manfred Endres / Gerd Biermann (Hrsg.)
Traumatisierung in Kindheit und Jugend

(Beiträge zur Kinderpsychotherapie; 32)
2. Auflage 2002. 260 Seiten. 5 Abb. (3-497-01585-7) gb

Kinder sind besonders verletzlich: Schrecklichen Erlebnissen haben sie noch wenig entgegenzusetzen. Seelische Verletzungen können die Entwicklung des Kindes behindern, ja zusammenbrechen lassen, können aber auch entwicklungsfördernde Impulse wachrufen.
Heute wird zur Traumatisierung im Kindesalter vor allem sexueller Mißbrauch assoziiert. Dieses Buch greift jedoch eine Vielfalt von weiteren Aspekten auf: den Verlust von Bezugspersonen durch Tod oder Scheidung; schwere Erkrankungen im Kindesalter; Kriegsereignisse, Flucht, Vertreibung; politische Verfolgung und Fremdenfeindlichkeit.

Pressestimme

„Zusammenfassend stellt das vorliegende Buch eine gelungene Mischung verschiedener Aspekte zum Thema Traumatisierung in Kindheit und Jugend dar und wird durch zahlreiche Fallvignetten lebendig und anschaulich." *Selbstpsychologie*

Manfred Endres / Susanne Hauser (Hrsg.)

Bindungstheorie in der Psychotherapie

2. Auflage 2002. 183 Seiten. (3-497-01543-1) gb

In den USA und Großbritannien längst ein Klassiker, hat die Bindungstheorie auch in Deutschland großes Interesse bei Psychologen und Medizinern geweckt. John Bowlby eröffnete mit dieser Theorie ein Forschungsgebiet, das wichtige Erkenntnisse zum Verständnis früher Entwicklungsprozesse liefert. Deshalb versucht man, dieses Wissen auch für die psychotherapeutische Praxis fruchtbar zu machen. Das Verständnis für viele schwere psychische Störungen wird durch eine bindungstheoretische Sicht erleichtert. In der Therapie werden internalisierte Bindungsstrukturen einer Bearbeitung zugänglich gemacht. Neue Bindungsmuster können sich in der therapeutischen Beziehung entwickeln, die im therapeutischen Prozess genutzt werden können. Führende deutsche Forscher auf dem Gebiet der Bindungstheorie stellen in diesem Buch John Bowlbys Erkenntnisse, die Weiterentwicklung seiner Theorie und ihre Relevanz für die Psychotherapie dar. Fachleute aus der Praxis zeigen anhand anschaulicher Falldarstellungen, wie sich aus der Bindungstheorie therapeutische Strategien ableiten und anwenden lassen.

Harold Hackney / Sherilyn Cormier
Beratungsstrategien – Beratungsziele

Aus dem Amerikanischen von Werner Moosbauer / Isabella Bruckmaier
4. Auflage 1998. 189 Seiten. (3-497-01267-X) kt

Dieses Buch legt in klaren Worten dar, was sonst oft der bloßen Vermutung überlassen bleibt. Der konkrete Bezug zur Praxis der Gesprächsführung und die detaillierte Sammlung verbaler Techniken geben dem Berater Anregungen zur kritischen Reflexion eigenen Tuns. Ein Selbsttrainingsprogramm erleichtert dem Leser die Verarbeitung des Stoffes zur Überprüfung seiner Fertigkeiten.

Windy Dryden / Colin Feltham
Psychologische Kurzberatung und Kurztherapie

Einführung in die praktischen Techniken
Aus dem Englischen von Petra Holler
1994. 186 Seiten. (3-497-01320-X) kt

Kurzberatung und Kurztherapie gewinnen im therapeutischen Alltag immer mehr an Bedeutung, nicht zuletzt infolge veränderter gesetzlicher Rahmenbedingungen. Die Autoren wenden sich, jenseits spezieller therapeutischer Schulen und theoretischer Konzepte, an alle angehenden Therapeuten und Berater und stellen die elementaren Grundbausteine (kurz-)therapeutischen Handelns in Form von kurzen Lerneinheiten vor. Im Anhang bietet dieser Leitfaden u. a. diverse Klienten-Fragebogen, ein Entwicklungsdiagramm zur Zielanalyse und ein Formular zur Klienteninformation.

Wilfried Weber

Wege zum helfenden Gespräch

Gesprächspsychotherapie in der Praxis
12. Auflage 2000. 211 Seiten. (3-497-01307-2) kt

Pressestimme

„Kennen Sie ein Lehr- und Lernbuch aus dem Bereich Psychologie und Psychotherapie, das seit mehr als 25 Jahren auf dem Markt ist und eine außergewöhnlich hohe Auflage erreicht? Das Buch von Wilfried Weber erschien im Juni 2000 in 12. Auflage. Dass es ein Bestseller wurde, liegt sicherlich auch daran, dass die 10. Auflage völlig neu bearbeitet wurde, der Autor hat neue Forschungsberichte und neue Erfahrungen aus seiner Praxis eingearbeitet. Entscheidend aber sind folgende Punkte: Es ist ein Buch aus der Praxis für die Praxis der Gesprächspsychotherapie, die Sprache ist leicht verständlich und von wohltuender Kürze, der Aufbau ist klar und systematisch strukturiert."

Gesprächspsychotherapie und Personzentrierte Beratung

Serge Tisseron

Phänomen Scham

Psychoanalyse eines sozialen Affektes
Aus dem Französischen von Reinhard Tiffert
2000. 190 Seiten. (3-497-01542-3) gb

»Schäm' dich!« sagen wir zu einem kleinen Kind, wenn es etwas angestellt, gegen eine gesellschaftliche Konvention verstoßen hat. Später schämt sich der Erwachsene, wenn er den Etiketten einer bestimmten sozialen Gruppe nicht gerecht wird. Dies ist jedoch nur ein Aspekt der Scham. Denn Scham hat viele Gesichter. Immer aber ist Scham ein soziales Phänomen: Wer Scham empfindet, sieht sich am Rande der Gemeinschaft, er schämt sich vor den anderen. Scham verknüpft auch aufeinanderfolgende Generationen miteinander und kann sogar von einer zur anderen weitergegeben werden.
An zahlreichen Fallbeispielen zeigt der Autor, in welchen Situationen Scham entstehen kann: Arbeitslosigkeit, Krankheit, Schuld, Erniedrigung, Vergewaltigung, Deportation, Folter. Er beschreibt die verschiedenen psychoanalytischen Erklärungsansätze und leitet daraus therapeutische Maßnahmen ab, wie das Gefühl der Scham im psychoanalytischen Behandlungsverlauf erkannt und genutzt werden kann.